Anton Ginther

In cruce salus D. i. des Heil. und wunderwürckenden Kreutzes

zu Marckt Biberbach außführliche Erklärung

Anton Ginther

In cruce salus D. i. des Heil. und wunderwürckenden Kreutzes
zu Marckt Biberbach außführliche Erklärung

ISBN/EAN: 9783743686137

Hergestellt in Europa, USA, Kanada, Australien, Japan

Cover: Foto ©ninafisch / pixelio.de

Weitere Bücher finden Sie auf **www.hansebooks.com**

MIRACULOSA IMAGO CRUCIFIXI SALVATORIS IN BIBERBACH.
Anno 1685

IN CRUCE SALUS.

Das ist:

Heil: vnd Wunder-würckendes Creutz

Zu Marckt Biberbach

Außführliche Erklärung / vnd eigentlicher

Bericht

Von dessen Herkommen / glaubwürdigen Ursprung / vnd etwelchen deren von Anno 1681. den 13. Novembris, biß auf Anno 1682. den 29. Decembris mehrmahlen angefangenen / raren / vnd denckwürdigern

Gutthaten /

So auf gnädigsten Befelch der hohen Geistlichen Obrigkeit legitimè examinirt, vnd von deroselben Gutheissen anjetzo mit beygesetzten Sinn-reichen Figuren der H. Schrifft / sambt denen Tag-Zeiten / vnd Litaney vom H. Creutz

Zu Trost der Rechtglaubigen in offnen Druck gegeben

Durch

R. D. ANTONIUM GINTER,

Pfarzherrn allda.

Mit Erlaubnuß der Obern.

Augspurg / druckts vnd verlegts Simon Utzschneider / Im Jahr 1683.

Crux est clavis Paradiſi, ſpes Chriſtianorum, errantium via, claudorum baculus, conſolatio pauperum, ſpes deſperatorum, periclitantium portus, tribulatorum requies.

Das Creutz iſt ein Schlüſſel deß Paradeiß/ ein Hoffnung der Chriſten/ ein Weeg der Irrenden/ ein Stab der Lahmen/ ein Troſt der Armen/ ein Hoffnung der Verzweiffleten/ ein Geſtadt der in Gefahr ſtehenden/ ein Ruhe der Betrübten. S. Chryſoſt. de laude S. Crucis.

Dem
Hochgebohrnen/ deß H. Römischen
Reichs Grafen vnd Herrn/ Herrn
ANTONIO
JOSEPHO
Fugger/
Grafen von Kirchberg vnd Weissenhorn/ Herrn der Freyen Reichs-Herrschafft Wasserburg/ Marckt Biberbach/ vnd Gablingen/ ꝛc. Der regierenden Churfürstl. Durchl. in Bayrn Cammerern/ ꝛc.
Wie auch
Der Hochgebohrnen/ deß H. Röm:
Reichs Gräfin vnd Frawen/ Frawen
MARIÆ ANNÆ
FRANCISCÆ
Fuggerin/
Gräfin von Kirchberg vnd Weissenhorn/ Frawen der Freyen Reichs-Herrschafft Wasserburg/ Marckt Biberbach vnd Gablingen/ ꝛc. Gebohrne Freyin von Newhausen/ ꝛc.
Meinem Gnädigen Grafen vnd Herrn:
Dann auch
Meiner Gnädigen Gräfin vnd Frawen.

Wann

DEDICATIO.

WAnn David jener lobwürdig Israelitische König zu disen vnsern Zeiten gelebt hätte/ wär sich nicht also zu verwundern/ daß er die Beschaffenheit der Wunderthätigen Creutz-Bildnuß/ in dero Hoch-Gräfl: Herrschafft Biberbach gelegen/ mit so nachsinnlichen Worten entworffen/ wann er spricht *Psal. 1. v. 3.* Et erit tanquam Lignum, quod plantatum est secus decursus aquarum, quod fructum suum dabit in tempore suo. Er wird seyn wie ein Baum/ der gepflantzt ist neben den Bach der Wasser/ welcher geben wird die Frucht zu seiner Zeit.

Füglicher fürwahr hätte zu solchem Vorhaben der gecrönte Prophet nicht reden können: Bekandt ist es/ Hochgebohrner Graf/ Gnä-

DEDICATIO.

diger Hertz! Auch Hochgebohrne Gräfin/ Gnädige Fraw! was Gestalten deroselben hoch-ansehliche Herrschafft Biberbach meistens den Namen vom Wasser-Strohm eines Bachs/ so seinen Lauf durch selbe pflegt zu haben/ bekommen; Nun ist nebē solchem Bach auch gepflantzet ein Baum (verstehend deß Lebens) das ist das H. vnd Gnaden-volle Creutz Christi JEsu/ welcher zu seiner Zeit/ nemlichen in dem ersten Jahr deroselben glückseeligen Regierung/ das ist Anno 1681. bey annahendem Herbst mehrmahlen angefangen seine Früchten der Gnaden zu geben/ vnd zu sonderm Trost viler presthafften Personen zu erweisen; Gleichsam als gefallte dem allwissenden GOtt selbsten/ dise seine Wunder deß H. Creutzes

DEDICATIO.

der Welt erkennen zu geben/ kein Zeit bequemer/ als eben die Antrettung Ihro Hoch-Gräfl. Hoch-Gräfl Exc: Exc: zu dero Lobwürdigsten Regierung zu seyn; Auß deme dann mehr als sattsam zu erkennen/ wie genehm vor GOttes Augen stehe die gesamte Hoch-Gräfl. Fuggerische Familia.

Ich kunte allhier ein newe gantz andere Lob-Red anstellen von diser jederzeit höchst-berühmten Hoch-Gräfl. Familia, wann nit neben angebohrnen generosen Gemüth deroselben Demuth den Finger auf den Mund zu legen/ mir gleichsam von fern winckte; Und was ist es? Hochgebohrner Graf/ Gnädiger Herr! Auch Hochgebohrne Gräfin/ Gnädige Fraw! si tacuerint homines, lapides clamabunt, wann auch die Menschen schwigen/ so wurden doch

DEDICATIO.

doch die Stein die Magnificenz diſes hoch-adelichſten Namens vnd Stamens verrathen; Dañ wem iſt vnbekandt/ was Lobreiche Clöſter dieſelbe vom Grund erbawet/ was hertzliche Tempel aufgerichtet/ wie vil Kirchen bereichet/ was anſehliche Stift- vnd geiſtliche Fundierung gemacht/ zu was hohen Digniteten ſo wol in Geiſt- als Weltlichē Stand ſie erhoben/ in was Anſehen bey Röm: Käyſern/ König/ Chur-Fürſten/ vnd andern Monarchen der Welt ſie gelanget/ was groſſe heroiſche Thaten in Kriegs- vnd andern Zeiten mit Verwunderung der Nachwelt erzeiget: ꝛc. welches alles in diſen wüntzigen Blätern einzuſchrancken nit allein gar zu ohnmöglich fallen/ ſonder gantze Bücher/ als nach Würdigkeit zu be-

)*(5 ſchrei-

DEDICATIO.

schreiben erfordern wurde: Genug seye es/ daß der Himmel selbsten begunne/ durch dergestalt wundersamen/ in dero hohansehlichen Herrschafften täglich von GOtt ertheilten Wolthaten/ ihre hohe Meriten der Welt erkennen zugeben: Ecce sic benedicetur homo, qui timet Dominum. Pſ 127. v. 5. Sihe! also wird gesegnet der Mensch/ so GOtt förchtet.

Offerire demnach/ vnd übergebe Ewr Hoch-Gräfl. Hoch-Gräfl Exc: Exc: zu vnterthäniger Recognition eines Danck-schuldigstē Gemüths dises erste Relations-Wercklen von dem H. Creutz/ nit so wegen anderwärts mir ertheilten vilen Hoch-Gräfl. Gnaden/ als auch bißhero hochlöblichst angefangnen/ vnd biß dato fortgepflantzten Devotions-Neigung gegen disem hochwerthen Creutz

DEDICATIO.

Creutz/ der underthänigen Hoffnung gelebend/ Sie werden solches in Gnaden an- und aufnemmen: Zumahlen ohn das mir wissend/ daß dieselbe nichts anders begehren/ als sich in solchem mit dem grossen Welt-Prediger zu rühmen: Mihi autem absit gloriari, nisi in Cruce Domini nostri JESU Christi. *ad Gal.* 6. Fern sey von mir/ daß ich mich rühme/ als in dem Creutz unsers HErrn JEsu Christi/ dessen hohen Obsicht Ewer Hoch-Gräfl. Hoch-Gräfl. Exc. Exc. zu lang-währendglückseeligster Regierung / mich aber zu dero beharrlichē Hochgräfl. Gnaden gantz demütig empfehle.

Ewer Hoch = Gräfl.
Hoch-Gräfl. Exc. Exc.

Den 2. Januarij, 1683.

Gehorsam-verpflichtister
Antonius Ginter, Pfarrer
zu Biberbach.

Vorred
An den günstigen Leser.

WAs da Newes? werden in Ansehung diſes deine erſte Gedancken ſeyn/ geneigter Leſer! berichte aber/ daß der vnendliche GOtt nit erſt von newem/ ſonder allbereit in vorigem Sæculo (wie folgende Relation mit mehrerm geben wird) durch diſe ſein anmütigiſte Creutz-Bildnuß angefangen wunderſamb zu operiren. Daß aber dem Allerhöchſten gefallen/ ſo vil Zeit vnd Jahr diſes ſein H. Creutz mehrmahlen verlaſſen/ gantz verworffen/ vnd in Außtheilung diſer ſeiner wunderbarlichen Gutthaten biß allbereit auff das 1681.ſte Jahr verborgen zu ſeyn/ iſt ſeiner vnermeſſenen Weisheit allein vnd beſtens bekandt.

Warumb hat ſeine Göttliche Allmacht zugelaſſen/ daß der Gnadenreiche Stamm ſeines H. Creutzes ſelbſten/ an welchem Er für das Heyl der geſambten Welt den bitterſten Tod erlitten/ biß allbereit in die 180. Jahren/ gantz vnder der Erden deß Bergs Calvariæ ſolte vergraben/ völlig verworffen/ vnd von allen verlaſſen ſeyn? Brev. Rom. 3. Maij. &c.

Warumb hat der Allerhöchſte zugeſehen/ daß eben diſer Gnadenreiche Baum deß Lebens
vmb

Vorred.

vmb das Jahr Christi 609. vnder der Regierung Chosrox deß Persianischen Königs/ gar solte in die Hånd vnd Gewalt der abgöttischen Heyden gerathen/ vnd 14. Jahr von disen Laster-vollen Menschen prophaniert werden? In vita Anastasij Persæ. Brev: Rom. 14. Septemb.

Warumb hat seine Göttliche Majestät geduldet/ daß jene Wunderthätige Creutz-Bildnus zu Beryto, welche der selige Nicodemus selbsten gefertigt/ also lang in der Behausung eines trewlosen Juden in dem Winckel einer Kammer verlassen/ vnd dann von den meinaidigen Hebreern also lasterhaffe angetast/ verspottet/ vnd gleich-sam ein newer Passion an diser seiner H. Bildnus vollbracht worden? Biß endlich auß dessen Seiten auch/ so gar das frische Blut häuffig geflossen/ vnd grosse Wunder- vnd Guttbaten durch solche so villen Presthafften beschehen/ Anno 765. in Martyrol. die 9. Nov. &c.

Diß sag ich/ vnd vil andere dergestalt wundersame Creutz-Bildnussen/ warumb der gütigste Heyland zugesehen/ also lang verlassen/ verachtet/ vnd verwoffen zu seyn/ dann aber mehrmahlen in hohen Obacht zu gelangen/ ist allein seinem vnerforschlichen Willen beyzumessen: Weilen seine Vrthel ein tieffer Abgrund/ Psalm. 35. v. 7. Noch auff den heutigen Tag sein wunderthätige Hand verkürtzet vnd schwächer worden/ Esa. 59. v. 1. in dergleichen vralt/ vnd von der Welt verworfnen Creutz-Bildnussen sein
Gött-

Vorred.

Göttliche Allmacht der Ursachen zu erzeigen/ weilen Er selbsten sagt durch den Mund Ezechielis c. 17. v. 24. Quia Ego Dominus exaltavi lignum humile, & frondere feci lignum aridum. Dieweil Ich der HErr hab erhöhet das demütige Holtz/ und hab grünend gemacht das dürre Holtz.

Hierbey aber hab ich anderer Religion Zugethane getrewlich erinneren wollen/ daß unsere Meinung nicht seye(wie sie ungründlich pflegen vorzugeben) dergleich von Holtz gemachte Creutz/ und andere Bildnussen anzubetten / oder cultu latriæ zu verehren/welcher Gedancken weiter von allen Catholischen Hertzen als Tag und Nacht/ Himmel und Erden entfernet; Immassen wir wir gesambter Kirchen einhällig bekennen und erkennen/ daß allein seye anzubetten der wahre lebendige GOtt/ so durch dergleichen Bildnussen allein wird vorgestellet / auch öffters seine Göttliche Allmacht dardurch denen Rechtglaubigen pflegt erkennen zugeben/ wie ein solches nachgesetzte alle Dorff- und Gegend- kündige Beneficia gnugsam erweisen/so nicht also zu verstehen / daß dergestalt beneficierte Persohnen von und durch dises Creutz absolutè von ihren Gebrechlichkeiten / sonder von der Wunderwürckenden Hand GOttes vermittelst durch Verehrung dises H Creutzes/ und Anruffung seiner theurē Creutz-Verdiensten seyen erlediget worden. Dann gleich wie vor Zeiten (wie zu erse-

Vorred.

ersehen 4. Reg. c. 4.) jener Wunder-Stab Elisæi/ so ein Figur deß H. Creutzes gewesen/ ohne seinen Propheten nichts vermöchte zu thun/ oder einigs Wunder vor sich selbsten zu würcken/ also sag ich/ daß auch der Stab deß H. Creutzes vor sich selbsten nichts vermöge/ als mit vnd in Christo/ welcher solches erkisen vor ein Zeichen deß Heyls der gantzen Welt.

Disen löblichen Gebrauch der Verehrung solcher H.H. Creutz-Bildnussen/ hat schon vor mehr als 1300. Jahr wohl vnderscheiden/ vnd erklärt der H. Augustinus lib. 2. de Visit. Infirm. c. 2. mit folgenden Versen:

Nec Deus est, nec homo, præsens, quam cerno, figura,

Sed Deus est & homo, quem signat sacra figura,

Hæc & ergò veneror, JESUM quoque semper adoro.

Noch GOtt/ noch Mensch kan seyn ein Bild/
Wie mich der Glaub thut lehren/
Sondern allein wird vorgebildt/
Durchs Bild GOtt zu verehren/
Dem g'hört die Ehr/ als GOtt vnd HErr/
Laß dich hier nicht verwirren/
Wer Bilder ehrt/ doch auf GOtt kehrt/
Jm Glaub sich nicht kan irren.

Demnach/ damit ein immerwährende Gedächtnus auch von diser vormahlen verworfnen wun-

Vorred.

wunderbarlichen Creutz-Bildnuß zu Biberbach/ sonderbahr aber in den Hertzen der Hoch-Gräfl. Biberbachischen Underthanen verblibe/ ist vor gut angesehen worden / disem kleine Wercklein mit beygesetzter Relation vnd etlicher Denckwürdigen legitimè examinierten Beneficien / theils auff Befelch der Höheren / theils auff vieles Insuchen der guten Freunden vnd anvertrauten Seelen/ forderist zu Ehren deß gecreutzigten Haylands/ vnd dann zu sonderm Trost deß gemeinen Catholischen Manns zu verfertigen/ vnd mit etlichen ad propositum eingemengten Figuren auff das einfältigst in Truck zu geben/ nit achtend der Verklein-oder Verminderung etwelcher Naßwitzigen Zoilorum, oder andern Sectischen Schnatter-Zungen/ die alles/ auch so gar das Allerheiligste Creutz Christi JEsu selbsten (deme doch wegen allgemeiner Erlösung alle Welt verbunden:) für ein Thorheit pflegen zu halten; Dergleichen Verleumbdern vnd Feinden deß H. Creutzes ertheile nit ich/ sonder jener grosse Welt-Prediger zur Antwort ad Cor. 1. v. 17. Verbum Crucis pereuntibus quidem stultitia est, his autem qui salvi fiunt, id est nobis, Dei virtus est. Das Wort deß Creutzes ist zwar ein Thorheit denen/ die verlohren werden/ vns aber/ die wir selig werden / ist es ein Krafft GOttes.

Glaub-

Glaubwürdige RELATION vom Vrsprung deß H. Creutz zu Marckt Biberbach.

Nachdeme das berühmte Hertzogthumb Würtenberg nach verlaßner Catholischer Religion zur newen getretten / vnd verschidene Klöster vnd Gottshäuser sambt GOttes vnd der Heiligen Bilder angefangen prophanirt zu werden / ware verhanden ein noch eyferig Catholischer Fuhrmann / disem trangë zu Hertzen dises der New-Glaubigen stürmen wider die Creutz / vnd andere Bilder / derowegen auß innerlicher Devotion getriben / entziecht er / nach so vilen anderen zerstörten Bildnussen / dises H. vralte vnd anmütigste mit 4. Näglen kläglich angehsffte Creutz-Bildnuß / ladt solches / vmb bestermassen zu salviren / auf seinen Wagen / vnd führts allhero durch Biberbach. Als nun erwehnter Fuhrmann in der Hülle nächst bey der Pfarr-Kirchen gelegen / durchzufahren vorha-

A

habens ware/ sihe! da stunden vnversehens
die Pferd auff dem Weeg/ vnd kunten mit keinem Gewalt von solchem Orth mehr fortge-
triben werden/ vnd obwohlen andere vom
Dorff darzu gesetzt worden/ ware dannoch vor
vnmöglich erkennet solches ferner fortzuführen/
biß endlich ermelter Fuhrmann zu dem damah-
ligen Pfarzherrn vnd Pflegern/der alldort noch
Hoch-Freyherrl.Pappenheimischen Herrschafft
Marckt Biberbach/ sich begeben/ disen wundersamen Verlauff vorgestellet/ vnd erkennet wor-
den/ daß solche Bildnus seine Ruhe keiner anderen als diser Orthen verlange/ dahero auch
solche beygesetzt/ vnd zur Verehrung an einen
Pfeiler mitten in der Kirchen/ dessen Vestigium
noch heutiges Tags verhanden/ vorgestellt worden. Bißhero von glaubwürdiger vnd alter Tra-
dition.

Nun ist solche vralte Creutz-Bildnus an erst-
gedachtem Pfeiler angeheft verbliben / mit
auch schon damahlen erwisenen Gutthaten/ biß
auff Anno 1616. nach welchem/ als gedächte
Pfarr-Kirchen renovirt, vnd nach außgebroch-
nen Pfeilern verändert worden/ ist vnder solchen diß H. Bild anfangs in deß Schuel-Hauses
Stadel/ von dannen gar vnder das Tach der
Kirchen gebracht worden/ auff welches/ als
ein Vnruhe nach der andern im Reich erfolgte/
auch wegen vilfältig new-erhebten Kriegs-
Entpörungen mäniglich in Schröcken stunde/ ja

in

in wenig Zeit der langwürige Schweden-Krieg
selbsten eingefallen/ ist vnder so beschehnen Sachen dise Bildnuß deß gecreutzigten Erlösers
fast gar ausser obacht kommen/ vnd von mei-
sten/ außgenommen deren noch etlicher Frommen (so theils noch im Leben) in völlige Vergef-
senheit gerathen/welche fromme erwehnte Personen auch mitten in den vngehewren Kriegs-
Flammen ihr Zuflucht bey disem werthisten
Creutz vnder dem Tach nit verlohren / sonder
bey demselben so Tag als Nacht verharret/ ja so
gar ihr weniges Brod zu mehrer Versicher- vnd
Erfrischung ihres Lebens in disem in etwas hol-
außgemachten Creutz verborgen / vermeinend
also / sicherer sie vnd ihr wenige Lebens-Nah-
rung vor allem Anlauff vnd Unheil zu seyn.

Als aber ein allgemeine Ruhe widerumb ins
Vatterland gebracht/ vnd die arme Exulanten
mehrmahlen anfangten in Friden zu hausen/ hat
dem Allerhöchsten gefallen/ bey völliger Vergeß-
senheit dises Gnaden-Bilds verschidenmahlen
mit entsetzlichen Donnerstreichen in dise Pfarz-
Kirchen einzuschlagen / vnd das/ so sonderbahr
nachdencklich / fast jedermahlen zwischen den
Fest-Tägen deß H. Jacobi als deß grössern Apo-
stels/ vnd deß Glor-reichen Ertz-Martyrers Lau-
rentij/ als denen zweyen dises Gotthauß Lobwürdigsten Patronen/ sonderbahr aber/ hat das
grausame Hoch-Gewitter nach laut deß noch bey
Hand habenden Pfarz-Buchs Anno 1654. den

A 2   10. Tag

10. Tag Augusti/ als in ipso Festo Compatrocinii der gesambten Pfarr ein vngewohnliche Forcht vnd nachsinnlichen Schröcken verursachet/ in deme selbigen Abend drey Persohnen in dem Thurn die Gloggen leutend/ tödtlich von dem Strahl berühret/ vnd zwey derselben in ipso momento entsetzlich erschlagen worden; In solchem/ als die kläglich nach-klingende Gloggen den Ruin diser armseligen Personen verrathen/ vnd ein Zulauff in offters besagte Pfarr-Kirchen geschahe/ fande man zwey derselben allbereit schon gantz erstarret= vnd vom wilden Fewr vnd Rauch erstickte Persohnen/ die dritte/ obwohlen selbe nach sothanem erschröcklichen Streich fast verbrennet/ doch endlich widerumb in etwas zu recht gebracht worden.

Nemblichen/ wird von der ewigen Wahrheit selbsten der H. Jacobus/ dises Gottshauß werthister Patron/ nicht vmbsonst genant Filius Tonitrui; Marc. 3. Ein Sohn deß Donners/ seytemahlen diser grosse Apostel/ als ein Eyferer deß H. Creutzes/ nicht mehr wolte vnd kunte gedulden die Enteht= vnd schmächliche Verwerffung diser Gnadenreichen H. Bildnuß seines gecreutzigten Meisters vnd Erlösers/ dahero er offters/ vnd das ins drittemahl in diser seiner vndergebnen Pfarrkirchen sich nach seinem Namen erzeiget als ein Sohn deß Donners/ die Nachlässige/ sonderbahr die ältere/ so noch einige Wissenschafft durch ihre Vor-Eltern/ vor

An-

❀ 5. ❀

Ankunfft vnd anderer Beschaffenheit dises verworffnen Creutz-Bild hatten/dahin durch vilfältige Dofier zu vermögen/die schuldigste Ehr/ wie vormahlen/ solchen Gnaden-Bild zu erweisen/ vnd zur vormahligen Veneration, wie billich/vorzustellen/welches auch nach so beschehen Sachen in wenig Zeit erfolget; massen man alsobald den Sachen nachgesunnen/ vnd zugleich befunden/ kein andere Ursach dises so vilen Einschlagens der Donner-Wetter zu seyn/ als eben die gäntzliche Verlassung dises H. Creutzes; Derowegen solches mehrmahlen vnder dem Tach mit einem grossen geflochtnen Strick umb das Haupt an statt der dörneren Cron gefunden / alsdann von dem Ehrwürdigen Herrn M. Sebastiano Widmann/dermahlen allhiesigen Pfarrern (laut seiner eigenhändigen Attestation) vnder erst ermeltem Tach hervor gezogen/vnd in nachfolgendem Jahr/ das ist Anno 1655. durch dessen Anstalt in etwas renovierter / widerumb in die Kirchen vorgestellet/ vnd dann Anno 1663. von dem Ehrwürdigen Herrn Antonio Mattes/ selbiger Zeit allhiesigen/ jetzt aber zu Dapfe investierten Pfarrern/ in diser noch jetzt bestehenden Form in der Höhe der Maur-Wand gegen Mittag auffgerichtet worden.

Nun ist offt-erwehnt dise Creutz-Bildnuß ohne sonderbahre Veneration vnd erzeigte Gutthaten in disem Orth also angehefft verbliben/ biß auf Anno 1681. allbereit biß auff die andere An-

A 3   kunfft

6.

kunfft in Teutschland/ deß Wohl-Ehrwürdigen vnd Geistreichen Vatters Marci von Aviano, als deß Welt-bekandtē Gottseligen Capuciners/ das ist/ biß auff den Monat Augusti erst-ermeltes Jahr/ nach welchem/ als die gemeine Leuth mehr Glauben vnd Vertrawen auff den vnendlich-barmhertzigen GOtt zu setzen von ihme erlehr-net/ vnd öfftern angefangen dises H. Creutz mehrmahlen mit Andacht zu besuchen/ hat der Allmächtige GOtt auch mit Erweisung seiner Gutthaten (also zu sagen) freygebiger zu wer-den/ vnd durch dises sein H. Creutz von Tag zu Tag je mehr vnd mehr angefangen sein vnend-liche Gütigkeit verschidenen presthafften Per-sonen zu erzeigen. Dahero auch beschehen/ daß öfters berührte Bildnuß widerumb von der Höhe der Maur-Wand herunder gelassen/ dar-bey anfänglich ein kleines Altärlein/ dann aber in täglicher Vermehrung der so wol Andacht/ als auch ertheilten wundersamen Gutthaten/ diser jetzt stehende Creutz-Altar aufgerichtet/ vnd auf solchem den dritten Maij/ als im Fest der Er-findung deß H. Creutzes/ das ersteimal der Gotts-Dienst mit vnglaublichem Trost vnd Zulauf di-ser gantzen Gegend solenniter gehalten worden.

Denckwürdig ist auch sonderbahr dises vnd allhier mit stillschweigen nicht zu vmbgehen/ was vil glaubwürdige Persohnen von geraumer Zeit hero an diser werthen Creutz-Bildnuß beobach-tet/ vnd ich theils auch selbsten/ sonders die 2.

let-

letstere Jahr/ ehe durch solche der wunderbahrliche GOtt hat angefangen zu operiren/ öffters
vermercket: Indeme nun ohne sonderbahre
Ehr-Beweisung mehr-besagtes Gnaden-Bild
in der Höhe der Kirchen also angeheffter/ vnd
von meisten noch verlassen da gehangen/ hatte es
dazumahl das Ansehen/ als wann die arme Vögelein den Abgang deß Lob GOttes an statt der
vernünfftigen Menschen ersetzen solten/ massen
dieselbe nicht allein in dem holen Theil dises Creutzes ihre Wohnung so Tag als Nacht
gesuchet/ sondern auch so gar ihre Nästlein jährlich darein gebawet; Und obwolen offtermahlen
dergleich ihr Gebäw herunder geworffen/ vnd
dieselbe auß der Kirchen verjagt worden/ seynd
sie nichts desto weniger sobalden widerumb allhero gekehret/ vnd verschidenmahlen in Beyseyn deß gesambten Volcks vnder währendem
Dienst GOttes auf dem Creutz-Stamm si-
tzend/ angefangen nicht ohne etlicher heimliches
Nachdencken vnd Verwunderung zu singen/
vnd das so vil vnd lang/ biß endlich dem Allmächtigen GOtt selbsten gefallen/ mehrmahlen durch
diß sein H. Creutz durch nachfolgende wundersame Gutthaten sich scheinbahrer der Welt zu
offenbahren/ vnd vnderschidlichen Persohnen in
ihren Anligenheiten hülfreiche Hand zu laisten;
Weilen nun die Menschen sothane Göttliche
Gnaden zu erkennen/vnd die schnldigste Ehr dem
gecreutzigten Erlöser in diser seiner verlassenen

A 4   Bild-

3.

Bildnuß zu erweisen je mehr vnd mehr angefangen/ haben alsobald von selbsten die Vögelein von solchem Creutz ihr Urlaub genommen.

So vil ist nun der glaubwürdig- vnd kürtzere Bericht von disem H. Creutze/ welchen neben immerwährender Fama vnd stätem Ruef der ältern Pfartz-Genossen/wahr zu seyn/mit abgelegtem Ayd/in beyseyn der zu End diser Beneficien vnderschribnen Zeugen/ betheuren folgende auß- vnd an statt der Gemein erwöhlte ältiste/ vnd allzeit in diser Herrschafft wohnende ehrliche Männer/ als nemlichen: Johannes Stapf/ Schäfler zu Biberbach/ über 80. Jahr/ Jacob Buechmüller/ Fischer in Biberbach/ nahend bey 80. Jahren/ dann Caspar Widemann/ Baur von Eisenbretzhofen/ auch von 80. Jahren. Item Adam Heel/ Zimmermaister zu gedachten Dorf Eisenbretzhofen/ nach beschehener ernsthaffter Erinnerung/ ein Mann von 82. Jahr vnd noch gutem Verstand/ attestiert solches nit allein von sich selbsten cum juramento de antiqua fama huius S. Crucis, sonder auch/ daß er von seinem Vatter Hanß Heel/ von 86. Jahren seines Alters/ mehr von seinem Vetter Jacob Hefele/ von 113. Jahren alt/ vnd andern vralten Männern/ so vmb selbige Zeit allhier gelebt/ vnd von disen Sachen die meiste Kund- vnd Wissenschafft hatten/ deß wunderbahrlichen Verlaufs/ vnd oben erzehlten Herkommens zu gedencken/ zum öfftern erinnert vnd getrewlich ermahnet worden.

Fol-

] 9. [

Folgen die von GOtt durch dises
H. Creutz ertheilte wundersame vnd allein
denckwürdigere

BENEFICIA.

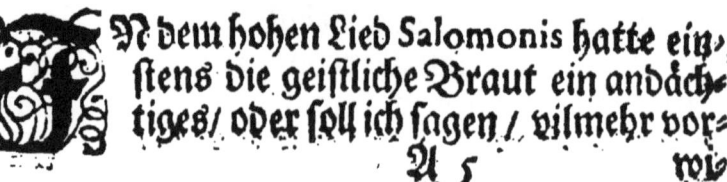

JN dem hohen Lied Salomonis hatte einstens die geistliche Braut ein andäch-
tiges/ oder soll ich sagen/ vilmehr vor-

witziges Verlangen / wo doch ihr geliebter Bräutigam zur Zeit deß Mittags pflege seine Ruhe zu nehmen? Indica mihi, ubi pascas, ubi cubes in meridie? Cant. . v. 6. Zeige mir an/ wo du waidest/ wo du ruhest zu Mittags-Zeit?

Sehe mir einer den Vorwitz diser höflichen Braut an/ warumb verlanget dieselbe nicht vilmehr zu wissen/ wo ihr himmlischer Bräutigam zu Morgens oder zur Zeit deß Abends wohne? Welcher Ursachen will sie eben zur Mittags-Zeit seiner Gegenwart geniesen? Der hocherleuchte Drogo, Hochwürdigster Bischoff zu Ostia/ &c. Dom. Pass. gibt Antwort: Wilst du wissen/ O Gesponß/ wo zu Mittag dein Geliebter waide/ wo Er ruhe? so wende deine Augen auf den Berg Calvariæ/ da wirst Ihne ersehen selbiger Zeit schmertzlich angehefftet an dem Stammen deß H. Creutzes/ da ist seine Wohnung/ da ist seine Ruhe/ sein Baum deß Lebens. Nunquam te inveniam nisi tantùm in Cruce, ibi dormis, ibi pascis, ibi cubas in meridie. Ich wird dich niemahlen finden/ als allein an dem Creutz/ da schlaffest/ da waidest/ da ruhest zu Mittag.

O glückseelige Ruhe! können wohnen under dem Baum deß H. Creutz! Dahero/ als erwehnte Braut solche erwünschte Ruhe gefunden/ hat sie Trost-voll aufgerueffen: Onter dem Schatten deß jenigen bin ich gesessen/ nachdeme

mein

mein Verlangen ware/ vnd sein Frucht ist
süß meiner Kählen. Also sagt der hochgelehrte Paulus Vidnerus de loc. præcip. Fid. Christian.
sollen auch nach dem Exempel diser himmlischen
Gesponß ihre Ruhe suchen vnder dem Baum
deß Lebens alle betrübte vnd verlassene Seelen
diser Welt/ vnder welchem sie werden keinen
Schaden/ sonder Schatten der Gnaden vnd
süsse Frücht der vilfältigen Gutthaten geniessen;
Welches alles nachfolgende Personen/ so ihre
Hoffnung vnder dem Gnadenreichen Creutz-
Baum ihres Erlösers gesuchet/ mit sondern
Frewden ihres Hertzens erfahren.

In schweren Leibs-Rupturen.

WAhr ist es/ was schon vor mehr als 2000.
Jahren gesprochen der gecrönte Prophet
Ps. 8. v. 3. Ex ore infantium & lactentium perfecisti laudem; Auß dem Mund der Kinder
vnd Säuglingen hast dein Lob vollkommen gemacht. Welches folgend- vnd ersteres
Beneficium eines armen im Leib gebrochenen
Kinds erweiset/ so ein Anfang gewesen deß grössern Lob GOttes vnd deß H. Creutzes.

Paulus Berckmayer/ Tagwercker zu Biberbach/ vnd Magdalena/ dessen Haußfraw/ verloben ihr Söhnlein Simon im andern Jahr/ mit
schon grossen vnd schmertzhafften Leib-Schaden
behafft/ mit Gebett/ Opffer einer Kertzen/ vnd
Täfelen zu disem H. Creutz/ auf welches Gelübd
dem

dem Kind der Schmertzen/ vnd in wenig Tagen die völlige Ruptur selbsten ohn ander angewendte Mittel wunderbarlich vergangen. Als nun gedachte Eltern in Abstattung sothanen Gelübds was saumselig waren/ vnd allein die Kertzen vor diser noch in der Höhe angehefften Bildnuß aufopfferten/ ist vnderdessen erineltem Knäblein der Schaden deß Leibs widerumben völlig kommen; Die gute Eltern sich erinnerend ihres nicht völlig voltzogenen Gelübds/ entlehnen das Geldt 52. Kreutzer/ dardurch das versprochene Täfelein fertigen zu lassen/ vnd als ein Zeug der empfangenen Gutthat darzustellen: Als nun solches gemahlet/ vnd mit Andacht vor erwehntem Creutz aufgeopffert/ ware dem Knäblein von selbiger Zeit an/ biß auf den heutigen Tag vollkommentlich ohn alles Anzeigen wunderbarlich geholffen.

O wie wahr ist dann/ was vermeldet der weise Ecclesiastes cap. 5. v. 3. Wann du GOtt etwas gelobet hast/ so versaume dich nicht solches zu bezahlen/ dann Er hat ein Mißfallen an einer vntrewen vnd närrischen Verheissung. So bezahle dann alles/ was du verlobet hast/ vnd es ist vil besser nicht verloben/ als geloben/ vnd darnach nicht bezahlen/ was verheissen ist.

Dises Beneficium, obwohlen es neben denen nachfolgenden Dorf-kündig/ nichts desto minder ist solches den 13. Novemb. Anno 1681. als

zu

zu disem Act erſten angeſtellten Verhörs-Tag aidlich examiniret/ vnd in Beyſeyn der zu letſt notirten Zeugen vmbſtändlich eingenommen worden.

Vom gefährlichen Leibs-Schaden
eines Manns im 50. Jahr.

JOhannes Böck/ Söldner zu Biberbach/ ein Mann von 50. Jahren/ betheuret mit abgelegtem Aid/ welcher geſtalten er vnverſehens vor etlich Jahren ein groſſe beſchwerliche Leibs-Ruptur bekommen/ vnd 2. Jahr vil vnd continuirliche Schmertzen erlitten; Nachdeme er aber ſeine Hoffnung/ neben veſtem Glauben vnd Vertrawen gegen GOtt bey diſer ſeiner Gnadenreichen Creutz-Bildnuß mit Gebett/ hertzlicher Rew vnd Laid vnd Auf opfferung einer Kertzen geſuchet/ hatte er ſolche auch wunderbarlich gefunden/ vnd ihme nicht allein alle Wehetag/ ſonder auch der Schaden deß Leibs ſelbſten wunderbarlich ohne ander angewendte Mittel mit höchſten ſeinen Frewden vergangen. Dahero er zur Danckbarkeit empfangener Guttat ein Täfelein machen/ vnd ſolches hierinn verzeichnen laſſen. Aidlich alſo verhöret den 13. Novembris, Anno 1681. Teſtes ſunt infrà ſcripti.

14.

Wundersame Erledigung von 2. offenen vnd elenden Leibs-Schäden eines Manns von 64. Jahren.

JN Göttlicher Schrifft/ *Eccl. 2. v. 14.* thut der Allerweiseste auß den Kindern der Menschen einen wohl seltzamen Spruch/ wann er sagt: *Sapientis oculi in capite ejus.* **Der Weise hat seine Augen in dem Haupt.** Ich bekenne/ daß im erstern Anblick dises wunderlichen Sententz mir auch wunderliche Gedancken beygefallen; Wie so allerweisester Salomon! soll ein Wunder seyn/ daß ein weiser vnd verständiger Mann die Augen in dem Kopf habe? Wer hat dann jemahlen die Augen in den Füssen oder Fersen gehabt/ daß du sagst: **Der Weise hat seine Augen in dem Haupt?**

O gar recht sagt Henricus Paulus de Aventino, in Assumpt. Evang. Dom. in Alb. hat diser Großmächtigste Monarch gesprochen: Freylich soll ein weiser vnd frommer Christ die Augen haben in dem Haupt/ *quia Caput est Christus,* 1. *Cor. 11.* **Dieweil das Haupt ist Christus/** auf welchen gecreutzigten Heyland/ als auf vnser Haupt wir sollen wenden nicht allein die Augen/ sonder auch alle Gedancken vnd Sinn deß Hertzens. *Quisquis,* sagt der H. *Cyrillus, lib 8. c. 17. Oculos animi in Christum Cruci affixum converterit, ab omni vulnere peccati illicò curabitur.* Wer da wenden wird die Augen seines Her-

Hertzens auf den am H. Creutz schmertzhafft angehefften Erlöser/ wird alsobalden von allen
Wunden der Sünden gehailet werden.

Auf disen an dem werthen Creutz hangenden
Heyland/ als auf das Haupt/ hat auch die Augen
deß Leibs vnd Hertzens/ mit vestem Vertrawen
auf die vnendliche Creutz-Verdiensten/ gewendet nachgesetzte beneficirte Persohn/ vnd dardurch in schweren Anligen deß Leibs sondern
Trost vnd Hülf erhalten.

ANtonius Mazzenari/ wohnhafft zu Marckt/
ein Mann von 64. Jahren/ zeigt jurato an
in Beyseyn der zu End vnderzognen Zeugen/
was Gestalten er schon vor vilen Jahren zwey
grosse/ elende vnd offne Rupturen deß Leibs von
schweren Arbeiten bekommen/ vil vnd imerwäh-
rende Schmertzen an solchem bißhero erlitten;
Nach vmbsonst angewendten natürlichen Mit-
len/ begibt er sich zu geistlichen/ vnd sonders zu
disem Gnadenreichen Creutz zu Biberbach/ verspricht sich allhero/ neben andächtigen Gebett/
auch ein Opffer in Stock zu legen; Von welcher Zeit er von allen Wehetagen/ vnd dann von
den zweyen Leibs-Schäden selbsten wunderbar-
lich/ vnd allein durch Göttlichen Beystand erlöset worden. Zur Danckbarkeit der empfangenen Gutthat hat er auch ein Täfelein allhero
verehret/ vnd dises Beneficium daran verzeichnen lassen. Den 18. Maij 1682.

Von

Von fernerer Leibs-Ruptur eines Manns von 34. Jahren.

HAnß Georg Hirneis von Biberbach/ bekame unversehens durch starcke Arbeit/ und sonders von schwerem heben vergangene Frühlings-Zeit eine elende sehr grosse Ruptur, also zwar/ daß er seiner Arbeit hart mehr nachkommen/ und zu Zeiten vor ungewohnliche Schmertzen kaum mehr stehen/ noch gehen/ noch sitzen können: In solchen betrübten Sachen sucht er endlich seinen Trost und einige Zuflucht bey dem gecreutzigten JESU/ in diser seiner anmüthigisten Bildnuß/ verlobt sich anhero nebenst vestem Vertrawen auf die unendliche Gütigkeit GOttes/ mit Gebett/ wenigem Opffer/ und einer Vierlings-Kertzen vor erwehntem Gnaden-Bild zu brennen; Auf welches sobalden aller Schmertzen/ und dann der gefährliche Leibs-Schaden selbsten wundersam und vollkommentlich/ ohn angewendtes Menschliches Mittel vergangen/ so/ daß der Beneficirte mehrmahlen seiner Hand-Arbeit ohne Verhindernuß nachkomme/ ja nicht einiges Wahrzeichen deß gehabten Schadens mehr wahrnemhme; Dahero er zur schuldigsten Danck-Erstattung auch ein Täfelein dises vorbildend/ machen lassen. Welches alles ermelter Hirneis neben seiner Haußfrawen Ursula/ bey Gerichtlichem Aid ansesagt/ und in Beyseyn der Zeugen: Als deß

17.

Edlen vnd Vesten Herren Johann Ulrich Spindlern/ Pflegers/ Adam Lauters Heilig=Probst/ vnd andern mit frewdigen Zähern jurato bekennet den 14. Tag Junij, Anno 1682.

Abermahlige wundersame Hülf in gefährlichem Leibs=Schaden

Michael Schregle von Ertenberg in Batzenhofer=Pfarr gelegen/ zeigt an bey seinem Aid vnd Gewissen in Gegenwart vnderschribener Zeugen/ welcher gestalten er vnversehens in schwerer Arbeit ein schmertzhaffte Leibs=Ruptur bekommen/ vnd vil Wehetag an solchem Schaden erlitten; Nach versprochener Wallfahrt vnd andächtigem Gebett zu disem heiligen Creutz/ seye nicht allein von selbiger Zeit an aller Schmertzen/ sonder auch der Leib=Schaden selbsten ohn Menschlich angewendte Mittel allerdings völlig vergangen/ so/ daß er dessen nur ein kleines vnd geringstes Anmercken zu einem Wahrzeichen der empfangenen Göttlichen Hülf pflege mehr wahrzunehmen. Daß dises in Wahrheits=Grund sich also befinde/ bezeugen auch neben andern die Ehrwürdige vnd Wohlgelehrte Herren Thomas Wagner Pfarrer zu Batzenhofen/ M. Johann Christoph Bayr/ Pfarrer zu Ekirch/ vnd andere. Den 6. Tag Octobris, Anno 1682.

Ebnermassen betheuret an Aids statt Michael Widemann von Haimhofen/ wie daß

B sein

sein ehliches Söhnlein Matthæus im 5. Jahr seines Alters ein schweres Leib-Brüchel bekommen / schmertzlich daran gewainet / vnd kläglich geschryen; Nach gethanem Gelübd zu disem wunderthätigen Creutz zu Biberbach/ seye von Stund an/ vnd gleichsam augenblicklich/ alle Ruptur biß auf den heutigen Tag mit höchster ihrer Verwunderung verschwunden / welche Gutthat zugleich attestiret der Wohl-Ehrwürdige vnd Hochgelehrte Herr Melchior Hafner/ Land-Dechant vnd Pfarrer zu Haimhofen / wie auch die Erbare Johannes Holtzhausen/ vnd Jacob Keller/ beede von Marckt Biberbach. Den 16. Tag Augusti Anno 1682.

* * *

19.

Lignum vitæ.
Gen: 3.

Achdeme Adam die verbottene Frucht vnbehutsam zu seinem vnd der gantzen Welt Nachtheil genossen/ betheuret die Göttliche Schrifft/ daß er nicht allein in das Elend von GOtt verwisen/ sondern auch ein Cherubin/ als ein veste Guardia mit geflammtem Schwerdt/ zu Bewahrung deß Paradeiß/ verordnet worden: Collocavit ante Paradisum Cherubim ad custodiendam viàm ligni vitæ.

B à   Gen.

Gen. 3. v. 24. GOtt hat gesetzt vor das Paradeiß einen Cherubim/ zu bewahren den Weg zu dem Baum deß Lebens.

Es fragen allhier nicht vnfüglich die Gelehrte/ was doch das vor ein Baum deß Lebens seye/ welchen der Engel GOttes hat sollen bewahren? Die HH. Vätter/ ja die Christliche Kirchen selbsten bedeuten solchen auf das H. vnd Gnadenreiche Creutz: Hæc est arbor dignissima, in medio Paradisi situata, in qua salutis Auctor propriâ morte mortem omnium superavit. Brev. Rom. 3. Maii. Diser ist der wertheste Baum/ so in mitten deß Paradeiß gepflantzet/ an welchem der Heyland mit seinem Tod den Tod aller überwunden.

Auf disen Trost- vnd Gnaden-vollen Baum deß Lebens/ das ist auf das H. Creutz/ haben in schweren innerlichen Anligen deß Leibs auch ihr Hoffnung gesetzet nachfolgende Personen/ vnd mit sondern Frewden gnädiglich erhalten/ was sie glaub-hoffend verlanget.

Wundersame Abhelffung von 2. gefährlichen Leibs-Rupturen einer Weibs-Person von 40. Jahren.

EVa Elzewangerin von Biberbach/ hatte von etlich Jahren hero s. v. zwey elende vnd gefährlichen Rupturen/ also/ daß die intestina corporis nicht allein schmertzhafft/ sonders bey
vn-

vnſtätem Wetter hervor getrungen/ ſonder auch zu Zeiten hart mehr gehen/ vnd der gewohnlichen Hauß-Arbeit abwarten können: In ſolchem traurigen Zuſtand weißt diſe Perſohn kein beſſere Zuflucht zu ſuchen; als bey dem H. Creutz/ als welches ohne das ein Zeichen deß Heyls der geſambten Welt/ derowegen verlobt ſie ſich allhero mit eiferigem Gebett/ wenigem Opffer/ vnd kleinen Wachs-Bildnuß/ mit ſtarcker Zuverſicht/ der allgütige GOtt werde auch ihr armes Gebett/ vermittelſt ſeines H. Creutzes erhören/ welches auch in wenig Zeit alſo beſchehen/ indeme ſie nicht allein von allen Wehetagen/ ſondern auch denen 2. Rupturen ſelbſten/ (deren ſie vaſt das geringſte nicht mehr wahrnimbt) wunderbarlicher Weiß/ ohn einig natürlich gebrauchten Remedien erlediget worden. Aidlich alſo examiniret den 13. Tag Novembris, Anno 1681, Teſtes infrà ſcripti.

Von 18. jähriger Ruptur wunderliche Erledigung.

Suſanna Hillebrandin von Marckt ein Weib von 70. Jahren/ hatte 18. Jahr einen Lv. gebrochnen Leib/ vnd neben ſolchen continuirliche Wehetagen: In ſolchem ſchwerem Anligen deß Leibs verſpricht ſie ſich allhero zu dem H. Creutz mit Gebett vnd kleinem Opffer von 2. Kreutzern/ vnd erlangt ſobald deß Schadens Beſſerung; Als aber gedachte Perſohn inſtändig

dig bey der Göttlichen Barmhertzigkeit ange-
halten/ hat dieselbe nicht allein völlige Linderung
vnd Verziehung der Schmertzen erlanget/ sonder auch die Ruptur ohne Menschliche Mittel
allerdings wunderbarlich vergangen. Jurata
also in Gegenwart der zu letst geschribenen Zeugen eingenommen den 18. Tag May/ Anno
1682.

Von fernerer beschwerlichen Leibs-
Ruptur eines Mägdleins im 11. Jahr
wundersame Genesung.

Als der Allmächtige GOtt Himmel vnd Erden auß purem nichts erschaffen/ vnd alles
mit einem Wort wunderbarlichst hervor ge-
bracht/ ist er endlich nach laut der Göttlichen
Schrifft/ auch zur Formirung deß Menschen
getretten/ welchen er allein vnder allen Creaturen nach seiner Göttlichen Gleichheit erschaffen:
Creavit DEUS hominem ad imaginem & simi-
litudinem suam, sagt Moyses/ *Gen. 1. v. 27.*
GOtt hat erschaffen den Menschen zu seinem Ebenbild vnd Gleichnuß.

Mit Erlaubnuß/ H. Prophet Moyses/ wie
kan das seyn/ daß ein so armseelige Creatur/ als
der Mensch ist/ nach dem Ebenbild seines Er-
schaffers selbsten solte formirt seyn? Ist nicht
der Mensch ein Kloß der Erden/ ein sauberer
Unflath/ ein gästiges Laim-Hauß/ ein sterblicher
Madensack/ ein lebendiges Aas vnd Werckzeug
aller

aller Sünd vnd Laster-Thaten? Wie ist dann möglich/ daß er solle dem Ebenbild deß Allerhöchsten selbsten verglichen werden? Jenem Ebenbild? Welcher höher ist als der Himmel/ tieffer als die Höll/ länger als die Erden/ breiter als das Meer/ welcher im Gewalt vnendlich/ Allmächtig in Wercken/ vnbegreifflich in Gedancken? Jenem Ebenbild? Vor dessen Thron tausendmahl tausend/ vnd zehen tausendmahl hundert tausend heilige Engel stehen; Auf dessen Kleider-Saum der prächtige Titul geschriben: Ein König aller König/ vnd Herrscher aller Herrschenden/ dessen Allmacht die Welt-Kugel mit 3. Fingern traget/ der das Höchste aller Außerwöhlten/ ja die vnendliche Seeligkeit selbsten? Jenem Ebenbild? Welcher zehlet die vile der Stern/ die Tröpfflein deß Meers/ die Sand-Körnlein deß Vfers/ vor dessen Majestät die Saulen der Himmel erzittern/ dessen Augenwanck alle Geschöpff gehorchen? Und zu dessen Ebenbild sagst du gewaltiger Prophet Moyses solle ein sündig- vnd armseliger Mensch/ ein Erd-Wurm/ Staub vnd Aschen erschaffen seyn? Ist es auch möglich zu glauben?

Freylich/ sagt der H. Athanasius Sina: Lib. 1. Ana: contempl. in gen. Darumben/ spricht diser H. Vatter/ ist der Mensch nach dem Ebenbild GOttes erschaffen/ dieweilen er/ auch sogar dem Leib nach (non loquendo jam de anima, quæ principaliter ad DEI Imaginem est creata) ist/ vnd vorstellt die eigentliche Gleichnuß deß gecreutzigten Heylands/ wie so? Vernimme die Ursach: Ein Mensch/ wann er erhebet das Haupt/ truckt zusammen die Füß/ strecket auß beede Arm/ so wird herauß kommen die Figur vnd Gestalt eines Creutz: Homo ad formam Crucis figuratam habet imaginem, ut qui sit ad imaginem Christi Crucifixi. loc. cit. Ein Mensch hat zur Form deß Creutzes ein recht Gestalte Gleichnuß/ als welcher auch zum Ebenbild Christi deß gecreutzigten erschaffen worden. O wunderbarliches Geheimnuß deß H. Creutzes! Auß welchem sattsam zu erkennen/ wie hoch die Göttliche Allmacht gleich von Anbegin der Welt geschätzt habe das Heyl-würckende Creutz/ vnd was grosses Vertrawen zu solchem setzen solle der Mensch auf Erden/ als welcher an sich selbsten herumb zu tragen pflege das Zeichen seiner Erlösung/ ohne welches sonst alles vergebens. Omnia irrita sunt conamina nostra, si ea Crux non sustentat, ideò est nobis sedulò laborandum, Crucis adhærere ramis, sagt Ludolph: de laude Crucis p. 2. c. 67. Umbsonst ist all vnser Thun vnd Lassen/ wann dasselbe nicht gesteuret ist auf das H. Creutz/ dahero wir vns embsig zu bemühen haben/ daß wir allzeit anhangen dem hochwerthen Creutz/ welchem auch mit sonderm Eifer vnd erhalten glückseliger Genesung angehangen folgende im Leib gebrochne Personen.

Ma-

25.

MAria Haimbayrin von Bocksperg betheuret cum formali juramento, welcher gestalten ihr Tochter Euphrosina von 11. Jahren/ vnversehens einen s. h. grossen vnd gefährlichen Leibs-Schaden bekommen/ also/ daß die intestina corporis ex parte dextera einer starcken Hand groß vnd lang durch den Leib hervor getrungen/ nicht ohne sonderbahren Schmertzen diser presthafften Personen: In disem betrüben Wesen versprechen Mutter vnd dise ihre Tochter ein Wallfahrt allhero zu dem H. Creutz nach Biberbach/ sampt 7. Kreutzern in den Stock zu legen/ vnd eine wächsene Weibs-Bildnuß aufzuopffern; Ein Wunder! gleich in erstern 14. Tagen nach diser ihrer Wallfahrt/ vergeht dem Mägdlein dise entsetzliche Leibs-Ruptur ohn andere gebrauchte Mittel gantz vollkommentlich/ kommen beede widerumb allhero/ sagen schuldigsten Danck dem gecreutzigten Heyland/ vnd zeigen solches Beneficium an mit abgelegtem Aid vnd frewdigen Zähern sampt dargestelltem Täfelein/ den 1. Tag Julij/ Anno 1682. Getzeugen seynd dessen Rev. D. Adamus Claus, Parochus in Bretlatzhofen/ Jacob Keller/ Frantz Bömb von Marckt/ Hanß Böck von Biberbach/ ꝛc.

* ⁎ *

26.
Von langwiriger Ruptur eines Knaben im 9. Jahr.

Balthasar Birger / ein Knab von 9. Jahren / hatte vast Zeit seines Lebens einen beschwerlichen Leibs-Schaden / dessentwegen er immer einen Bund zu tragen pflegte: Die Eltern sorgend / damit diser ihr Sohn durch seinen Lebens-Lauf kein elender Mensch verbleiben möchte / versuchten allerhand Rath vnd Menschliche Mittel / vnd ware die Sach offtermahlen schon dahin gerichtet / disen ihren Sohn von den Artzten schneiden zu lassen; Endlichen als ermelte Eltern erfahren / ja mit Augen gesehen / daß absonderlich mit dergleichen Zuständ behafften Menschen vast täglich durch Anrueffung deß Gnadenreichen Creutzes geholffen werde / haben sie auch ihr Hoffnung neben disem ihrem gebrochnen Sohn dahin gesetzt / denselben mit Gebett vnd heiliger Meß dahin versprochen / von welcher Zeit an augenscheinlich dem Knaben nicht so der Schmertzen / als auch aller Leib-Schaden selbsten allein durch Göttliche Hülf völlig verschwunden / welches Dorf-kündige Beneficium Caspar Birger / Zimmerman zu Biberbach / nach aufgeopffertem Täfelein / vnd Maria dessen Haußfraw / als deß Knaben Eltern aidlich außgesagt in Gegenwart der zu End

no-

notirten Zeugen. Den 18. Tag Maij/ Anno 1682.

Von schwerem Brüchl eines Knabens im 5. Jahr glückliche Genesung.

Tobias Iglinger/ Schäffler zu Marckt/ zeigt an mit abgelegtem Aid/ in Beyseyn der am End geschribnen Zeugen/ was gestalten sein Sohn Christian ein Knab im fünfften Jahr/ in dem auffsteigen in die Bethstatt vnversehens ein grosse Geschwulst/ vnd dann einen Leibs-Schaden selbsten bekommen/ an welchem Zustand er vil gewainet/ vnd vor Schmertzen bitterlich geseufftzet; In solchem betrübten Stand wußten die Eltern keinen bessern Trost als bey dem heiligen Creutz zu suchen/ verloben also ihren Sohn allhero mit andächtigem Gebett vnd wenigem Opffer deß Wachs/ nach welchem es sich alsobalden zur Besserung angelassen/ vnd in etlich Tagen die Ruptur dem Knaben wunderbarlich von selbsten vergangen: Der Wahrheit zur Steur/ vnd Zeichen der Danckbarkeit hat vor-angezogner Vatter auch ein Täfelein machen/ vnd solche Gutthat daran verzeichnen lassen. Den 18. Maij/ Anno 1682.

28.

Auß welchen bißhero erzehlten/ wundersamen Beneficien leichtlich zu erkennen/ wie wahr es seye/ was der ewige GOtt selbsten gesprochen: *Matth.* 7. *Arbor bona fructus bonos facit*; Ein guter Baum bringet gute Frücht; Indeme gewißlich kein besserer Baum auß allen zu finden/ als der Baum deß H. Creutz/ *Lignum vitæ*, sagt der H. Joannes, *Apocal.* 22. *v.* 2. *reddens fructum suum, & folia ligni ad sanitatem gentium*; Der Baum deß Lebens/ so gibt seine Frucht/ vnd dessen Blätter seynd zur Gesundheit der Völcker.

* * *

Abra-

29.

ABraham der hoch-berühmte Patriarch/ als er einstens die ermatte Glieder mit angenehmen Schlaf zu Nachts erquickte/ hörte unversehens die Stim̃ GOttes also ruffend: Abraham! Abraham! Der gute Alte erwacht ab solchem/ stellt sich in Postur/ GOtt befilcht ihme/ sich sobalden von der Ruhestatt zu erheben/ und seinen einigen Sohn auf einem von ihme angezeigten Berg

zu

zu schlachten. Abraham/ den Göttlichen Befelch zu vollziehen/ verweilet keinen Augenblick/ beraitet sobalden zum bevorstehenden Schlacht-Opffer alle Nothdurfft/ nimbt Isaac seinen Sohn/ legt auf seine Schultern die Burde deß Holtz/ vnd marchiret also auf den von GOtt angedeuten Berg/ vnd sihe! indeme nun das vnschuldige Blut von den Vätterlichen Händen solte vergossen werden/ sandte GOtt in schnellister Eil einen Currier vom Himmel/ mit Befelch/ dem Abraham in das Schwerdt zu fallen/ vnd ernsthafft zu verbieten/ dergleichen Grausamkeit an seinem eignen Kind nicht zu verüben: Ne extendas manum tuam super puerum, neque facias illi quicquam, *Gen.* 22. v. 12. Abraham du solst beyLeib nicht außstrecken die Hand gegen deinem Sohn/ solst auch ihme im geringsten keinen Schaden thun. -- Warumb? Ein seltzame vnd vnerhörte Begebenheit! Wann der Allmächtige GOtt dises Schlacht-Opffer von dem Abraham nicht verlangte/ warumb hat Er dann solches zuvor so ernsthafft anbefohlen?

Der H. Augustinus t. 10. Serm. 37. de temp. de Abrah. & Isaac fol. 163. gibt ein Ursach/ vnd sagt: Der barmhertzige GOtt seye mit dem guten Willen deß Abrahams zu friden gewesen/ vnd dahero habe Er das Werck selbsten nicht mehr verlanget: Affectum tuum inquisivi, non factum exegi.

Der H. Prosper Aquitanicus p. 1. de promismission. & prædict. c. 17. vnd andere vermahnen/ solchen Verlauf darumben beschehen zu seyn/ weilen der gehorsame Isaac ein Figur vnd eigentliche Vorbedeutung gewesen deß ewigen vnd eingebohrnen Sohn GOttes selbsten/ als welcher gleich ein anderer Isaac das Holtz deß Creutzes auf seinen Schultern getragen/ vnd auf den Berg Calvariæ vor das Heyl der verlohrnen Welt/ als ein vnschuldiges Lämblein geschlachtet worden; Und dahero sagen die Lehrer/ hat der allwissende GOtt dem Abraham auch wunderbarlich/ auß den Dörnern ein Wider gesändet/ damit das Opffer gleichwol vollzogen/ vnd die Figur genugsam erfüllet wurde.

O wie billich (sagt hierüber ein Modernus in sua arte benè moriendi Exhort. 32.) haben auch wir Ursach/ vns hierinfalls von Hertzen zu erfrewen/ wann wir betrachten/ daß/ indeme wir allberait schon auf der Schlacht-Banck deß ewigen Tods gelegen/ dannoch durch das Leiden vnd Sterben Christi JESU/ als deß mit Dörnern gecrönten vnd am Creutz geschlachten Widers/ also gnädiglich widerumb erlöset worden/ ja noch heutiges Tags der gnadenreichen Creutz-Verdiensten dises allergütigstē Heylands geniessen/ wie solches nachfolgende Beneficia mit mehrerm erweisen.

Johannes Deilen/ Gerichts-Vogt zu Bonstätten/ vnd Barbara/ dessen Ehewirthin/ verlobten ihr Söhnlein Lorentz mit grossem vnd gefährlichem Leib-Schaden/ welchen dises arme

Kind

Kind allbereit auf die Welt gebracht/ zu disem H. Creutze mit einer Wallfahrt neben einer H. Meß vnd wächsenen Opffer alldorten zu verrichten/ nach welchem sich von Tag an der Schaden angefangen zu verziehen/ vnd ermeltes Söhnlein in kurtzem der völligen Gesundheit restituirt zu werden; Welches Beneficium neben gedachten Eltern vnd vilen andern auch eigenhändig attestiret der Ehrwürdig vnd Wohlgelehrte Herr M. Christoph Wainmann/ Pfarrer zu Bonstätten.

Abermahlige wunderthätige Genesung eines im Leib gebrochenen Knäbleins.

Nicht weniger bringt allhier aidlich vor/ der Erbare Sebastian Kempter von Ober-Schönenberg/ in Beyseyn der vnden gesetzten Zeugen/ wie daß sein Söhnlein Friderich ein schweres Leib-Brüchel bekommen/ vnd vil Wehetagen an solchem erlitten/ als aber dises Knäblein zu dem Wunderthätigen Creutz nach Biberbach mit einer H. Meß vnd Wallfahrt versprochen worden/ seye von selbiger Zeit an wundersamer Weis dem Kind geholffen/ vnd aller gehabte Schaden von selbsten vergangen. Zu wahrer Urkund dessen/ vnd schuldigster Dancksagung der empfangenen Göttlichen Hülf hat erwehnter Vatter auch ein Täfelein machen/ vnd dise Gutthat daran verzeichnen lassen. Den 17. Tag

17. Tag Octob. Anno 1682. Gezeugen seynd die Erbare Männer/ Georg Kämpter von Ober-Schönenberg/ Johannes Holtzhauser/ Caspar Virger/ Adam Lauther/ vnd andere.

Von ferner vnderschidlich geholffenen Leibs-Schäden der Kindern.

Mattheis Scherer von Langenreichen/ ein Knab von 4. Jahren/ hatte ein vnd ander Jahr ein schmertzhaffte Leibs-Ruptur, nach andern vmbsonst angewendten Mitteln/ verloben die Eltern disen ihren gebrochnen Sohn zu dem H. Creutz nach Biberbach mit einer H. Meß vnd Kertzen vor erst-berührtem H. Creutz zu brennen/ nach so vollzognem Gelübd/ vergeht augenscheinlich dem Knaben der Schmertzen vnd dann auch wunderbarlich aller Leibs-Schaden/ so/ daß er dessen das wenigste Wahrzeichen nicht mehr pflege zu beobachten. Welches alles Michael Scherer/ Baur zu erzeltem Langenreichen/ vnd deß Knaben Vatter in Beysein vnderschribner Zeugen aidlich betheuret/ vnd zur Urkund dessen ein Täfelein solches vorbildend/ anhefften lassen. Den 18. Maij 1682.

Johannes Kranisfelder/ Ziegler zu Marckt referiret aidlich/ wie daß sein Söhnlein Bartholomæus schier von 3. Jahren ein grosses vnd elendes Leib-Brüchel in Ubersteigung einer hohen Thür-Geschwellen bekommen/ offt vnd vilmahl wegen Grösse deß Schmertzens gewainet/ vnd

vnd vast ohne Vnderbruch bitterlich geschryen: In solchem betrübten Wesen suchen die Eltern ihr Hoffnung vor diser Gnadenreichen Creutz-Bildnuß/ verloben das Kind allhero mit Gebett vnd weisser Vierlings-Kertzen/ alsobalden vergeht dem Knaben der Schmertzen/ vnd innerhalb 8. Tagen verschwindet wundersamer Weis ohn andere angewendte Mittel aller Leib-Schaden. Also sub juramento examinirt den 19. Tag Maij Anno 1682. bezeugen diser Hoch-Gräfl. Fuggerischen Herrschafft Pfleger Herr Johann Vlrich Spindler/ Adam Lautter/ vnd andere von Marckt Biberbach.

Ebenfalls bekennen cum juramento Andreas Hillebrand/ vnd dessen Haußfraw Agatha/ von Marckt/ wie daß ihr Söhnlein Johannes/ nahend bey 3. Jahren/ ein schweres Brüchel allerdings auf die Welt gebracht/ vnd bey anderthalb Jahren nicht geringe Schmertzen an solchem erlitten/ biß endlich ermelte Eltern diß ihr schadhafftes Kind mit wenigem Opffer vnd Gebett zu dem H. Creutz versprochen/ vnd also von selbiger Zeit an dem Kind mit höchster ihrer Verwunderung/ allein durch Göttliche Hülf/ alle Ruptur verschwunden. Also aidlich verhöret in Gegenwart vnderschribner Zeugen/ den 18. Tag Maij/ Anno 1682.

Gleicher Gestalten sagt an bey seinem Aid vnd Gewissen Johannes Sang Grabenmacher zu Biberbach/ wie daß sein Söhnlein Georg
an-

anjetzo im andern Jahr 2. beschwerliche Brüchel schon auß Mutter Leib gebracht/ vnd vil Wehetagen an solchen biß anjetzo erlitten; Nachdeme aber die Eltern ihr Hoffnung vor disem Gnaden-Bild deß gecreutzigten Erlösers gesuchet/ vnd diß ihr Kind mit Gebett/ vnd einer halben Vierlings-Kertzen dorthin verlobet/ seynd inner wenig Täg beede Brüchel allein durch Hülf GOttes wundersam vergangen. Testes sunt infrà scripti. Den 18. Maij/ 1682.

Item Anthoni Mayr/ Söldner von Eisenbretzhofen/ bezeuget ebenfalls cum juramento, wie daß sein Söhnlein auch Anthoni mit Namen/ anjetzo von 2. Jahren/ ein schmertzhafftes Brüchel etlich Monat lang am Leib gehabt/ endlich nach verzweiffleten andern Mitteln begeben sich die Eltern mit vestem Glauben zu dem H. Creutz/ verloben dorthin diß ihr Kind mit andächtigem Gebett vnd wächsenen Kertzen. Ein Wunder-Sach! ehe nun solche Wachs-Kertzen vor diser Trost-vollen Creutz-Bildnuß verbrunnen/ ware schon aller Leib-Schaden dem Knäblein biß auf den heutigen Tag völlig vergangen. Testes infrà notati. 13. Novembris, Anno 1681.

Fernere wundersame Abhelffung von schmertzhafften Brüchel der kleinen Kindern.

ES ist nicht so ein Ermahnung/ als auch ernst-

ernsthaffeer Befelch vnsers Erlösers/ daß die kleine vnd vnschuldige Kinder/ vorderist von den Eltern Jhme solten zugeführt werden; Es haben zwar die Apostel/ waiß nicht auß was für Gedancken/ solchen Favor disen armen Waislen vor Zeiten versagen wollen/ so aber der Heyland keines wegs gut geheissen/ mit ernstlicher Erinnerung: Sinite parvulos venire ad me, & ne prohibueritis cos. *Marc.* 10. v. 14. **Laßt zu mir kommen die kleine Kinder/ vnd verbietet ihnen nicht;** Deliciæ enim meæ esse cum filiis hominum. *Prov.* 8. v. 31. **Dann mein Lust ist zu seyn bey denen Kindern der Menschen.**

Freylich/ gebenedeyter JEsu! ist dein Lust zu seyn/ auch in diser deiner H. Creutz-Bildnuß/ bey vnmündig- vnd noch vnschuldigen Kindern/ so noch seynd im Stand der Gnaden GOttes/ vnd dein Göttliche Majestät noch niemahlen belaidiget haben/ dann dise seynd gleich den HH. Englen selbsten/ vnd dahero auch tauglicher dergleichen Gutthaten von deiner Wunder-würckenden Hand zu empfangen/ welches alles nachfolgende beneficirte Kinder genugsam an Tag geben.

Martin Brüderle Taglöhner/ vnd Barbara dessen Haußfraw von Biberbach/ zeigen jurato an/ wie daß ihr Söhnlein Caspar nahend bey 2. Jahren ein schmertzhafftes Brüchel gehabt/ nach beschehenem Versprechen allhero zu disem H. Creutz/ ist ebnermassen aller Schmertzen/ daß
auch

auch die Ruptur selbsten wunderlich vergangen. Den 18. Tag Maij/ Anno 1682. Testes infrà scripti.

Anthoni Jung Würth zu öffters besagtem Biberbach/ vnd Maria/ dessen Haußfraw/ versprechen ihr Söhnlein Matthæum im ersten Jahr/ mit dergestalt-schmertzhafften Brüchl behafftet/ zu disem werthisten Creutz mit Gebett vnd Verehrung einer Wachs-Kertzen/ von welcher Zeit an auch aller Leib-Schaden von selbsten verschwunden.

Augustin Ohnsorg/ Söldner/ vnd Magdalena/ dessen Haußfraw/ von Marckt bekräfftigen/ wie daß ihr Söhnlein Johannes im ersten Jahr seines Alters/ ein elendes Brüchel bekommen/ vil daran gewainet/ vnd kläglich geschryen/ biß sie endlich dasselbe allhero verlobet/ vnd also auch wundersame Hülf erlanget. Aidlich sampt vorigen verhört den 13. Novembr. Anno 1681. in Beysenn der zu End gesetzten Zeugen.

Balthasar Berckmayr/ vnd Maria/ dessen Haußfraw/ von Riedsend/ zeigen beede an mit abgelegtem Aid/ welcher gestalten ihr Söhnlein Johannes eines Jahr alt/ von immerwährendem wainen ein gefährliche Leibs-Ruptur bekommen; In solchem verloben sie diß ihr Kind mit einer Kertzen vnd Wallfahrt zu dem H. Creutz nach Biberbach/ auf welches sich von Stund an der Schaden gebessert/ vnd also ohne menschliche Hülf vollkommentlich vergangen. Den 5. Tag

Tag Junii / Anno 1682. Difes bezeugen R:
D. Franciscus Märck / Pfarrer zu Langwaid /
Johannes Holtzhauser / deß Gerichts von Biberbach / Georg Wölfle von Marckt / 2c.

Hanß Michael Mahler / Schreiner zu Westheim / in Haimhofer-Pfarr / zeigt an bey seinem
Aid und Gewissen / was massen sein ehliches
Söhnlein Thomas / noch ein unmündiges Kind /
auch einen Leibs-Schaden bekommen / nicht wissend / wie doch dem armen Kind hierinfalls möchte geholffen werden: In solchem vernimbt der
Vatter von disem Wunder-würckenden Creutz
zu Biberbach / faßt ein Hoffnung zu demselben /
und verspricht sein Söhnlein mit einer Wahlfahrt und eiferigem Gebett allhero / nach welchem sich von Tag zu Tag der Schaden gewendet / und durch Göttliche Hülf auch völlig vergangen. Welches Beneficium auch eigenhändig mit
aufgetrucktem Pettschafft attestiret der Wohl-Ehrwürdige und Hochgelehrte Herr Melchior
Hafner / Pfarrer und Land-Dechant zu Haimhofen / den 30. Maii / Anno 1682.

Ebnermaffen referirt aidlich Michael Hoch
von Gablingen / wie daß sein eheliches Söhnlein
Michael im ersten Jahr 2. gefährliche Leibs-Rupturen bekommen / nach verloben zu disem H.
Creutz seye in solchem Zustand dem Kind wundersam geholffen worden. Gezeugen seynd Jacob Keller von Marckt / Adam Lautter von Biberbach / und andere.

Als

39.

Ideo natus in
Mundum.

Als die vnendliche Weisheit deß himm‑
lischen Vatters der ewige Sohn Got‑
tes/ von Maria der rainesten Jung‑
frawen bey kalter Winters-Zeit zu Bethlehem
gebohren/ vnd im armen Stall nächst bey einem
Ochs vnd plumppen Esel einlogiret wurde/ be‑
zeugt die Göttliche Schrifft/ daß sein werthi‑
ste Mutter Ihne in arme Windelein gewick‑
let/ vnd in ein Krippen gelegt habe: pannis

C 4   cum

eum involvit, & reclinavit eum in præsepio.
Luc. 2. v. 7.

Mein! möchte einer allhier nicht vnbillich fragen: Warumb hat doch disees liebreichiste JEsulein/ dessen eigenthumliches Quartier der Himmel selbsten ist/ sein erstere Wohnung in dem Einzug auf dise Welt in einer so elend vnd verlassenen Krippen genommen? Hat er dann kein anders vnd füglichers Orth auf Erden können antreffen/ als eben ein so verachtes hölzenes Kripplein? O sagt der H. Epiphanius bey dem hochgelehrten Paoletti da Mont' Alcino, mache nicht vil Verwunderungs: Non erat ei locus in diversorio, **Er hatte kein Orth in der Herberg**/ welches ihme mehr gefallte/ vnd seiner Begird annehmlicher wäre / als eben das arme Kripplein/ der Ursachen/ dieweilen in solchem Creutz-weis miteinander vnd übereinander vermischt ware das Hew mit dem Hew / vnd das Stroh mit dem Stroh / ja das hölzene Kripplein selbsten/ auf welches das gebenedeyte Kindlein pflegte zu ruhen/ ware Creutz-weis durcheinander geflochten in Form vnd Figur der ✠.

✠. Weilen dann die kleine Glidlein noch in etwas zu schwach vnd delicat waren mehrer Creutz zu erdulden/ wolte also das mildreichiste JEsulein vnderdessen der kleinen Creutzlein sich gewohnen/ dardurch sich zu erinnern/ wie es einmahl nach 33. Jahren auf dem Berg Calvariæ kein andere Ruhe finden werde/ als eben das

har-

harti͏̈ste Holtz deß H. Creutzes. Und dahero betrachten auch vil geistreiche Contemplanten (wie R. P. Martinus à Cochem in Vita Christi bezeuget) daß der himmlische Vatter disem seinem eingebohrnen Sohn allbereit noch im Kripplein ligend durch die H. H. Engel schon übersandet habe das H. Creutz/ an welchem er seiner Zeit vor das Heyl der gesampten Welt mildiglich solle leiden/ vnd das rosenfarbe Blut vergiessen. Ist also das arme von Holtz gemachte Kripplein/ nach Meinung verschidener Lehrer/ schon ein Anfang vnd Figur gewesen deß H. Creutzes.

Dergleichen Creutz vnd innerliches Anligen hat der gütige GOtt auch aufgeleget gleich im ersten Eingang deß Lebens folgendem vnschuldig- vnd noch vnmündigen Kindlein/ zu einem Zeichen/ daß niemand in der Welt/ auch die Unschuldigste/ ohn Creutz nicht erfunden werden: Dieweilen aber die liebe Eltern mit starckem Vertrawen auf die Verdienst deß gecreutzigten Erlösers solche ihre schadhaffte Kinder allhero getragen/ vnd mit hertzlicher Andacht dem hochwerthisten Creutz aufgeopffert/ ist alles Unheil deß Leibs auch wundersamer Weis verschwunden/ wie solches nachgesetzte Beneficia mit mehrerm geben.

* * *

42.
Von obermahligen Leib-Schäden
der vnmündigen Kindern.

Christoph Linthaler von Aspach/ hatte ein Söhnlein/ Simon genant/ allbereit von zwey Jahren mit gefährlichem Schaden deß Leibs behafftet/ welche Ruptur, als sie von Tag zu Tag mehr zu wachsen pflegte/ nicht geringe Sorgen den guten Eltern verursachet: Endlich nach hindan-gesetzten Menschlichen Mittlen begeben sich dieselbe zu dem H. Creutz nach Biberbach/ versprechen allhero diß ihr Söhnlein mit einer Wallfahrt vnd wächsenen Kinds-Bildnuß/ auf welches bald der Schmertzen/ vnd dann der Schaden selbsten sich wunderbarlich verzogen/ welches neben vilen andern wahr zu seyn mit eigner Hand vnd Pettschafft betheuret A. R. D. M. Sebastianus Gindel/ Parochus in Aspach.

Nicht weniger betheuret auch sub juramento Georg Dieterich von Axen/ wie daß sein Söhnlein/ Namens Johannes/ mit einer schweren Leibs-Ruptur beladen gewesen/ als aber die Eltern mit zweyfachem Opffer diß ihr presthafftes Kind zu dem Creutz versprochen/ hat der Leib-Schaden von Tag zu Tag abgenommen/ vnd in kurtzem wunderbarlich vergangen. Welches Beneficium auch eigenhändig attestiret R. D. Franciscus Hörmann, Parochus in Axen, Item Mattheis Finger/ vnd andere von disen Orthen.

43.

Vom schmertzhafften Stein deß Leibs gleichsam augenblickliche Erledigung.

Als Christus der gebenedeyte Heyland eins=
mahls zu Caphernaum angelanget/ alldor=
ten den vnreinen Geist außgetrieben/ vnd die
Schwiger Simonis von langwirigem Fieber
erlediget/ ware neben andern Wunder-Thaten
solches sobald kundbar in gantzer Gegend ge=
macht/ dahero auch die Sach so weit dahin kom=
men/ daß die Hebreer selbiger Orthen gemeinig=
lich in Gewohnheit brachten/ ihre krancke vnd
presthaffte Personen in grosser Anzahl zu disem
himmlischen Artzten zu führen/ doch aber/ wel=
ches billich zu verwundern/ erst nach vndergc=
gangnen Sonnen: Cùm autem Sol occidisset,
omnes, qui habebant infirmos variis languori-
bus, ducebant illos ad eum, at ille singulis manus imponens curabat eos. *Luc. 4. v. 40.* Als aber
die Sonn vndergangen ware/ da kamen alle/ die
Krancke hatten/ welche mit allerhand Schwach=
heiten behafft waren/ vnd brachten sie zu Ihme/
Er aber legte die Hånd auf einem jeglichen/ vnd
machte sie gesund.

Es möchte einer nicht vnbillich sich über er=
zehlte Begebenheit verwundern/ was Ursachen
doch dise Völcker in Gewohnheit brachten/ ihre
francke Personen allbereit erst nach Nidergang
der Sonnen zu Christo dem HErrn zu führen?

Dem

Dem Anſehen nach / wäre ein ſolches ja füglicher zu Morgens gleich bey aufgehender Sonnen / oder ſonſten bey noch hellem Tag geſtanden? Origenes, der vralte Lehrer / iſt der Mainung/ daß ſolches beſchehen theils auß Geſchamhafftigkeit/ theils auß Forcht der Phariſeer / quia verecundabantur, vel timebant Phariſæos. Guilielmus Pariſienſ. aber verſteht tieff-ſinnig darunder das Geheimnuß deß H. Creutzes/ zumahlen vnder der nidergehenden Sonnen wird vorgebildet Sol juſtitiæ Chriſtus DEUS noſter. Die Sonn der Gerechtigkeit Chriſtus vnſer GOtt. Welche Göttliche Sonnen auch blut-roth vndergangen / wo? An dem Gnadenreichen Stammen deß H. Creutzes/ da Er mit roſenfarbem Blut völlig begoſſen/ alſo ſterbend hat aufgeben ſeinen Geiſt in die Händ deß himliſchen Vatters/ in qua curavit multos ab ægritudine infirmitatis. idem in fer. 5. Dom. 3. An welchem Creutz vnd Tod er vil gehailet von Kranckheit/ verſtehe Leibs vnd der Seelen.

Zu diſer blut-rothen vnd vndergehenden Sonnen an dem H. Creutz/ das iſt/ zu diſer Troſt-vollen Bildnuß deß gecreutzigten JEſu allhier zu Biberbach (welche ſterbend/ vnd doch alſo anmüthig formirt/ daß ohne ſondern Troſt keiner dieſelbe pflegt anzuſehen) haben auch getragen ihr tod-franckes mit ſchwerem Zuſtand behafftes Kind folgende Eltern/ vnd dardurch
wun-

wunderbarlich gleich augenblickliche Hülf mit
sondern Frewden erhalten.

HAnß Georg Wegelen vnd Eva dessen Hauß-
würthin von Meitingen/ betheuren sub formali vnd vorgelesenem Aid/ was gestalten ihr
Töchterlein Anna Maria gleich im ersten Jahr
vast vnaufhörlich gewainet/ vnd kläglich geschryen; Die gute Eltern vnwissend/ was doch
disem ihrem Töchterlein sonderbahr an dem
Leib fehlen solte/ verloben dasselbe persönlich anhero zu tragen/ vnd vor der Gnaden-Bildnuß
deß gecreutzigten Erlösers aufzuopffern; Ein
Wunder! kaum ware das H. Meß-Opffer
vollendet/ vnd gedachte Personen mit disem ihrem Töchterlein nach Hauß kommen/ befinden
dieselbe von Stund an ein Steinlein vast einer
Haselnuß-Keren groß/ so vnder dem Ampt der
H. Meß von disem armseligen Kind wunderbarlich getriben worden/ vnd gleich noch in selbiger Wochen gehen von disem schmertzhafften
Kind noch drey andere Steinlein mit höchster
Verwunderung der Eltern/ mit welchen 4. ab-
getribnen Steinlein sich zugleich aller Wehetag gelegt/ das Kind angefangen frisch vnd
gesund/ ohn einiges angewendtes natürliches Mittel/ zu werden. Zur schuldigsten
Dancksagung haben ermelte Ehe-Leuth auch
ein Tafelein mit den 4. beygesetzten Steinlein allhero verehret. Also verhöret in præsen-
tiâ

tia Testium infrà scriptorum, den 18. Tag Maii/
Anno 1682.

Von gefährlichen Nabel-Bruch
wundersame Erledigung.

Andreas Kondorfer/ Tagwercker zu Biberbach/ bringt aidlich an in Gegenwart unterschribener/ wie daß sein Söhnlein Jacob gleich im ersten Jahr seines Alters ein schmertzhafftes Nabel-Brüchlein bekommen/ nachdeme keine andere Mittel ersprießen wollen/ haben die Eltern endlich zu disem H. Creutz solches ihr schadhafftes Kind mit Gebett und Kertzen-Opffer versprochen/ von welcher Zeit augenscheinlich aller Schaden deß Leibs von selbsten vergangen. Examiniret den 13. Tag Novemb. Anno 1681.

Ferner bezeugen bey ihrem Aid und Gewissen Leonhard Jäger/ und Elisabetha dessen Haußfrau von Litzelburg/ welcher gestalten ihr Töchterlein Christina im andern Jahr einen dergleichen Schaden deß Leibs und wilden Nabel-Bruch bekommen/ als aber besagte Eltern dises ihr Kind allhero getragen/ dem H. Creutz mit vestem Glauben aufgeopffert/ ist aller Schaden deß Leibs inner wenig Tagen vollkommentlich von selbst vergangen.

Georg Schwartz/ Hafner zu erst-berührtem Litzelburg/ und Maria sein Ehewürthin be-

bekennen ebenfalls an statt eines leiblichen Ayds/ wie daß ihr Töchterlein Apollonia von 2. Jahren mit dergleichen Nabel-Bruch behafft gewesen/ nach gethanem Gelübd zu disem werthen Creutz seye augenscheinlich aller Schaden/ ja alles Anzeigen selbsten wunderbarlich verschwunden. Dise beede letztere Beneficia, neben Michael Schmid/ Gerichts-Vogt/ vnd Michael Miller Heilig-Pfleger / auch attestiret R. D. Joannes Baptista Hasler, Parochus in Litzelburg/ den 27. Tag Junij 1682.

Mehrmahlige wundersame Erledigung vom schmertzhafften Stein.

Adam Brugglacher/ Würth zu Elgaw/ vnd Maria dessen Haußfraw/ hatten ein Söhnlein nahend bey 2. Jahren/ so vor innerlichen Wehetagen deß Leibs vast immer pflegte zu wainen/ vnd traurend zu schreyen; Die Eltern nicht wissend/ was doch sonders solch-ihrem Kind fehlen solte/ verloben dasselbe mit einer H. Meß/ 2. Wachs-Kertzen/ vnd wächsenen Kind-Bildnuß zu disem H. Creutz/ vnd sihe! gleich noch selbigen Tag in ein vnd anderer Stund springt von selbsten von disem schadhafften Knäblein ein vngewohnliches vnd zu solchem Alter vast grosses Steinlein/ wird darauf den 6. Novemb. Anno 1682. das ist/ den dritten Tag nach solchem frisch vnd gesund allhero gebracht/ vnd von denen

nen Eltern das gethane Gelübd mit sondern Frewden nach abgelegtem Jurament vollzogen/ welches also in Wahrheits-Grund geschehen zu seyn/ neben vilen andern auch attestiret der Wohl-Ehrwürdig/Edl vnd Hochgelehrte Herr Laurentius Lederer/ SS. Theol. & SS. Can. Lic. Dechant vnd Pfarrer zu Wöstendorff/der Ehrwürdig vnd Wohlgelehrte Herr Gregorius Bruckert/ Capellan alldorten.

Dergleichen wundersame Beneficia, sonderbahr in Abhelffung der vilfältigen Leibs-Rupturen/ seynd von der Wunder-würckenden Hand GOttes/ durch Verehrung dises seines H. Creutzes/ noch in guter Anzahl geschehen; Dieweil aber dergleichen schamhafftigere Leibs-Zufäll/ sonderbahr bey den grössern Personen/ gern in Verborg gehalten werden/ seye vor dißmahl dem günstigen Leser genug/ dise obernante Special-Gutthaten allhier beygesetzt zu haben/ dardurch abzunehmen/ daß noch heutiges Tags die Hand GOttes nicht verkürtzt seye/ vnd sonderbahrs begehre/ mit dergleichen Zustand behafften Menschen diser Orthen hülfreiche Hand zu laisten.

* * *

Eli-

49.

Præcidit Lignum,
natavit Ferrum.
4 Reg 6

Eliſæus/ jener wunderbahre Prophet/
hawete einſtes das Holtz mit den Kindern der Propheten in einem Wald/
vnvermerckter entfalte einem derſelben/ das
Eiſen vom Beyl in das Waſſer/ mit gröſſem
Lamentieren diſes armen Hawers; Der Prophet findet alſobalden ein Stil ſolcher Hawen:
Er huebe ab ein Holtz/ warffs in das Waſ-
ſer/ alſobald fangte an das Eiſen dem Holtz
beyzuſchwimmen.

Ein wunderbahrliches Holtz! Woher o hat
dises so vngewohnliche Krafft erhalten/daß von
selbsten das harte Eisen im tieffen Wasser solle
empor vnd demselben entgegen schwimmen? P.
Casimirus VVürk Koialowicz, S. J. fol. 300.
verstehet durch dises schwere Eisen einen in die
Tieffe der Tod-Sünden gefallenen Menschen/
durch dises aber wundersame Holtz/ deme das
Eisen von selbsten beygeschwummen/ das Holtz
deß H. Creutzes/vermittelst welches die gesampte Welt von dem Abgrund deß Verderbens ist
glücklich befreyt worden: Vide gravissimum ferrum ligno ex aqua attractum, & cogita homines
pondere peccati & maledictionis mersos, per
lignum benedictos & salvatos. loc. cit.

Vast dergleichen Verlauf hat sich auch begeben mit jetzt nachgesetztem Hawer/ welcher in
dem Wald in Abhawung etlicher Dannen nicht
so die Beyl/ als auch den Gebrauch seiner Fuß
selbsten mit entsetzlichem Fall verlohren/ weilen
er aber seine Hoffnung zu dem gebenedeyten
Holtz deß H. Creutzes genommen/ hat er auch
wundersame/gleichsam augenblickliche Hülf erlanget.

Von außgefallenem Fuß sehr wundersamer Verlauff.

SEbastian Baur/ ein Söldner von Biberbach/ fallte auß in dem Wald seitten l. v.
rechten Fuß mit einem vngewohnlichen gantz
ent-

entsetzlichen Fall/ also/ daß das Bain in dem
Fall nicht anderst als ein starcker abgebrochner
Stecken einen Knall gethan; in solchem erbärm-
lichen Wesen/ als er alleinig bitterlich seufftzet/
vnd von allen Menschen verlassen in dem Wald
vast bey einer halben Stund gelegen/ vnd ohnmöglich ihme ware/ mehr von dem Erd-Boden
mit dem Leib sich zu erheben/ sucht er endlich mit
einem Gelübd seine Hoffnung bey disem Wunderthätigen Creutz mit dergleichen Worten: O
Christe JESU! durch dein H. Creutz hilff
mir/ dieweilen ich von allen bin verlassen/ hof-
fentlich wirst du nicht von mir weichen/ sonder
gnädiglich in so betrübtem Stand erhören; Ein
Wunder! von selbigem Augenblick an/ richtet
sich der außgefallene Fuß mit einem newen
wohl-mercklichen Schnall widerumb von selbsten ein/ stehet auf/ geht fort seinen Weeg/ vnd
hailet auch die wenig hinderlassene Geschwulst
ohne einig-angewendtes Menschliches Mittel
in wenig Tagen. Welches alles ermeltes Be-
neficirter/ nach vorgelesenem Aid/ in Beysein
der Underzeichneten angesagt/ vnd zu Urkund
dessen auch ein Täfelein dises vorbildend machen lassen. Den 18. Tag May/
Anno 1682.

* * *

H 2   Von

52.

Von vast eben dergleich-abgeschlagenen vnd schadhafften Fuß wunderbarliche Hülf.

JOhannes Bömb/ ein Jüngling von 26. Jahren von Marckt gebürtig/ referirt/ welcher gestalten ein schweres Bier-Faß bey dem Würth zu Langenreichen ihme allerdings einen Fuß abgeschlagen/ übel solchen zertrucket/ vnd zugericht: Nachdeme nun kein natürliches Mittel genugsam erspriessen wollen/ sonder der Schaden nur ärger worden/ ist ihme ein- vnd andermahl zu Nachts im Schlaff der gecreutzigte Erlöser/ in Form vnd Gestalt diser seiner anmüthigsten Bildnuß augenscheinlich vorkommen/ mit tröstlicher Versicherung/ er werde abhelffen allem Schmertzen vñ Schaden/ wann er nur mit vestem/ vnd vnveränderlichen Vertrawen sich werde begeben zu dem H. Creutz: Dises Gesicht macht dem nothleidenden Jüngling ein Hoffnung/ verspricht sich allhero mit einer Kertzen vnd eiferigem Gebett/vnd erfahret/ daß diser sein Traum wahrhafftig im Werck selbsten vollzogen/ vnd er wunderbahrlicher Weis/ allein durch Beystand GOttes/ vnd Anrueffung seines H. Creutzes voriger Gesundheit restituirt worden. Examinirt/ vnd aidlich also verhöret den 24. Tag Maij/Anno 1682. Gezeugen seynd dessen Thomas Widlener/

ner / Isidor Bömb / Christoph Holl / vnd andere von Marckt.

Ein gantz verfault- vnd verwesene
Brust wird durch Anrueffung deß H.
Creutzes wunderbarlich in ein newe
verwandlet.

Hoch-berühmt ware vor Zeiten jener wunderthätige Schwemm-Teich / von welchem der H. Ioannes cap. 5. v. 2. bezeuget / daß derselbe fünff Schopffen oder Eingang gehabt / in welchem allzeit ein grosse Anzahl der Krancken gelegen / zu keinem andern Ende / als in Bewegung der Wasser die verlohrne Gesundheit zu erhalten; Wer nun von erwehnten Krancken der erste in dises vom Engel bewegte Wasser gestigen / erlangte wunderbarlich die Gesundheit / mit welcherley Kranckheit er auch schon immer behafft gewesen.

Mein! möchte einer nicht vnbillich die Gedancken machen / wohero hat doch dises Wasser so grosse Krafft genommen / daß dasselbe von allerhand / auch von verzweifleften Kranckheiten den Menschen solle befreyen?

Ludolph. Carthul. p. 1. c. 77. ist der Meinung / weilen jenes blut-rothe Wasser / so von dem Brand-Opffer deß zuvor gewaschnen / vnd dann geschlachten Vich in dem Tempel durch einen Canal vnder der Erden dorthin geflossen / durch welches glaublich solche Schwemm-Teich habe so heilsame Krafft bekommen. Der H. Ambrosius haltet darvor/ dahero geschehen zu seyn/ weilen ermelter Schwemm-Teich ein Figur der Ankunfft/ wie auch deß bitterſten Leiden vnd Sterbens Chriſti JEſu geweſen. Ich verehre die Sentenz diſer hocherleuchten Vättern/ doch vermaine ich/ noch ein ſonderbahres Geheimnuß in ſolchem verborgen zu ſeyn/ wie ſo? Anton. de Gislandis O.P. fer. 5. poſt Invoc. Dionyſ. Carth. c. 5. in ennarrat. 1. Joan. item Hiſt: Scholaſt: vnd andere betheuren/ daß in der Tieffe mehr-erwehnten Schwemm-Teichs vil Zeit vnd Jahr ſeye verborgen gelegen/ vnd dann zur Zeit deß Leidens Chriſti gefunden worden das Holtz/ auß welchem alsdann von den meinaidigen Hebreern das Creutz vor den Heyland auß-gehawen worden/ vnd dahero ſeye kommen die wunder-ſeltzame Würckung diſes heilſamen Waſſers vermittelſt deß H. Creutzes.

Diſe Troſt-reiche Würckung deß H. Creutzes hat auch mit höchſten ihren Frewden genoſſen folgende wohl armſelig- vnd verlaſſene Weibs-Perſohn/ welche in ſchwerem vnd langwirigem Anligen wohl ſich kunte beklagen mit jenem armen/ bey diſem Schwemm-Teich 38. Jahr ſitzenden Krüppel: Domine, hominem non habeo, &c. HErꝛ/ ich habe keinen Menſchen nicht/ der mir helffen kan in ſolchem verzweiffletem Weſen. Weilen dann kein Menſch in

ſo

so betrübtem Zustand mehr helffen kunte/ hat GOtt derselben sich angenommen/ und vermittelst seines H. Creutz hülfreiche Hand gelaistet/ der Verlauf ist diser:

Ursula Hauberin von Hermetzhofen/ ein Weib von 25. Jahren/ betheuret sampt ihrem Ehe-Mann Andrea mit einem leiblichen Aid/ was gestalten sie in einer Kindbeth eine sehr elende/ übel verletzte Brust bekommen/ und solche zu hailen alle ersinnliche Mittel angewendt/ vil Geldt darmit vertragen/ nichts aber in allem/ solche höchst schadhaffte Brust in vorigen Stand zu bringen/ erspriessen wollen/ biß endlich durch vil angewendte Medicin der Schaden nur ärger worden/ die gantze Brust angefangen zu verfaulen/ gantz verwesend/ i.h. sehr übel schmäckend und vermodert zu werden/ durch welchen abschewlichen Schaden dise presthaffte Weibs-Person nicht allein andern verdrüßlich worden/ sonder auch in gewisse Lebens-Gefahr gerathen; In solchem betrübten Zustand/ welchen dise Persohn in das dritte Jahr erlitten (ja Artzt und Balbierer/ sothanen Schaden zu curieren/ verzweifleten/ vorgebend/ solches Menschlicher Weis nicht mehr geschehen könne/ wann nicht der Allerhöchste ein sonderbahres Miracul mit ihr würcken solte) verspricht sich dise verlassene Persohn zu dem H. Creutz nach Biberbach mit einer H. Meß alldorten

lesen zu lassen/ vnd ein wächsene Brust aufzuopffern; Ein Wunder-Sach! gleich denselbi-
gen Tag deß Verlobens fallen von diser gantz
verfault- verwesenen Brust zwey von den Bal-
bierern eingeheilte Maisel eines Fingers lang
von selbsten herauß/ welche Maisel allbereit
schon vor 2. Jahren in solche schadhaffte Brust
verheilet worden/ gleich von selbiger Zeit an legt
sich auch der Schmertzen/ das verfaulte vnd ver-
moderte Fleisch fangt an sich zu verkehren/ vnd
innerhalb wenig Zeit ein gantz andere gleichsam
newe vnd frische Brust zu wachsen/ mit vnauß-
sprechlichen Frewden diser beneficirten Per-
sohn/ derowegen sie alsobalden zur Danckbarkeit ein Täfelein verfertigen/ vnd dise Gutthat daran zur Gedächtnuß verzeichnen lassen.
Den 18. Maij/ Anno 1682. Testes sunt in hi-
ne scripti.

Von einer Monsüchtigen Person
denckwürdiger Casus.

GEörg Mair/ Söldner von Marckt/ füh-
ret allhero seine Tochter Ursula von 9.
Jahren/ jurató anzeigend/ in Beyseyn Under-
schribner Zeugen/ was gestalten dise sein cheli-
che Tochter lange Zeit Mon- oder Wannsüch-
tig ware/ vnd zugleich continuirlich übel trieff-
vnd fliessende Augen gehabt/ also/ daß sie mehrmahlen biß 3. vnd 4. Tag lang das geringste daran

ran nicht gesehen. Der Vatter förchtend/ es
möchte noch grösser Ubel auß den Sachen wer=
den/ velobet allhero solche sein Tochter zu dem
H. Creutz/ mit tröstlicher Hoffnung/ es werde
auch in solchem Zustand derselben geholffen wer=
den/ welches auch in wenig Tagen/ GOtt Lob/
wunderbarlich und völlig geschehen. Den 18.
Maij/ Anno 1682.

Von einem Knaben in letster Tods-
Gefahr rarer und denckwürdiger Ver=
lauff/ und erzeigte Hülf.

JEne Kinder der Propheten/ wie zu ersehen
4. Reg. c. 4. v. 41. als ein allgemeine Thew=
rung im gelobten Land Jsrael eingefallen/ hat=
ten so gar das wilde und allerbitterste Colloquin=
ten-Kraut im Feld vor Hunger gesamlet/ und
von solchem das Gemüß beraitet; Dieweilen
aber das gar zu bitter wurde/ und allerdings
untauglich zu dem Essen/ rufften sie sammet=
lich zu Eliseo: Mors in olla Vir DEI! O du
Mann GOttes/ der Tod ist in dem Hafen! Der
Prophet schafft alsobalden disen Sachen ein
Mittel/ nimbt ein Mehl/ wirfft solches in den
Hafen/ & non fuit quidquam amaritudinis in
olla, da war kein Bitterkeit mehr in dem Ha=
fen/ sondern alles wurde annehmlich zu dem
essen gemacht/ und das vermittelst durch das
Mehl.

D 5   Der

Der Gegentheil befindet sich in nachfolgendem Casu, dorten hat das Mehl die Speiß/ so bitter als der Tod selbsten ware/ süß vnd angenehm verursachet/ vnd also die arme Propheten-Kinder gleichsam vom Tod errettet/ allhier aber hat das Mehl einem Knaben die Speiß nur gar zu bitter gemacht/ auch schier in den Tod gebracht/ wann nicht das süsse Holtz deß H. Creutzes alle Bitterkeit deß Tods in vnaußsprechliche Frewden/ vnd erlangter augenblicklicher Genesung verkehret.

Joseph Baumgartner/ ein Knab von 3. Jahren/ von Albertzofen/ spilte nach Gewohnheit der Kinder bey einem Bach-Trog/ als dessen Mutter Maria eben anfangen wolte das Mehl mit Wasser anzumachen/ vnd das Hauß-Brod zu bachen/ in solchem stürtzte der Knab vnversehens mit dem Kopf vnd halben Leib/ eben in dem Mund ein Brod haltend/ in den Bach-Trog mitten in das Mehl/ vermainend zwar mit den Händen vnd Füßlein sich zu steuren/ vnd vor Gefahr zu retten/ aber vergebens/ er wolte schreyen/ aber schluckte in solcher Anzahl das noch pure Mehl durch Mund vnd Nasen/ daß aller Athem vnd Respiration dardurch versteckt wurde; In solchem kombt entzwischen die Mutter/ ersicht das Kind auf den Kopf biß auf halben Leib im Mehl vnd Bach-Trog steckend/ zieht solches in höchster Eil herauß/ rueft

vor

vor Schrecken die Benachbarte zusammen/ vnd gibt ihrem Kind nach Brauch der sterbenden ein geweichtes Liecht in die Hand: Also lage da diſes Knäblein ein gute halbe Stund ohn einige Vermerckung der Reſpiration, vnd männigtlich vermainte diſen allbereit verſchiden zu ſeyn/ deſſentwegen ſie auch die Händlein Creutz-weis/ als einem Todten/ auf das Hertz geleget/ vnd verlaſſen. In ſolchem Laid rueffet flehentlich die Mutter zu dem H. Creutz zu Biberbach/ vmb doch ein einiges Anzeigen deß Lebens mehr von diſem ihrem Söhnlein zu vernehmen/ verlobt ihne mit einem wächſenen Bild vnd Gebett zu erſt-berührtem H. Creutz; Ein Wunder! gleich darauf eröffnet das Kind mit höchſter Verwunderung widerumb die Augen/ vnd in noch währender Stund ſtehet daſſelbe auf friſch vnd geſund/ kommen allhero Kind vnd Mutter zu dem wunderbahren Creutz/ GOtt Danck ſagend mit aufgehebten Händen vnd frewdigen Zähern wegen erhaltenen Leben/ vnd der empfangenen ſo wunderſamen augenblicklichen Geneſung. Welches alles bey ihrem Aid vnd Gewiſſen betheuret Wolffgang Baumgartner/ vnd Maria deſſen Haußfraw/ als deß Knaben Eltern/ Apollonia Scheiberin/ vnd Maria Dumblerin/ als gegenwärtige Nachbauren/ in Gegenwart Herrn Pflegers Johann Ulrich Spindler/ Adam

Lauthers/ vnd andern.   Den 14. Tag Junij/
Anno 1682.

Wunderbahrliche Cur durch das H. Creutz eines mit der Lungen-Sucht behafften Manns.

PEter Schmid/ Schäffler zu Biberbach/ ein Mann von 40. Jahren/ referirt/ wie daß er geraume Zeit an seinem Leib abgenommen/ die Kräfften verlohren/ vnd allerdings zur Arbeit vntuchtig worden/ darzu habe gestossen der continuirliche c.v. Außwurff wegen übel-bestellter Lungen/ daß so gar auch endlich kein Speiß mehr schmäcken wollen/ sonder von Tag zu Tag nur ärger worden/ ja gäntzlich beforchten/ solche Sucht vnd übler Zustand der Lungen werde ihn bethligerig machen/ vnd bäldist gar in das Grab bringen: Nichts desto weniger sucht er sein Hoffnung bey dem H. Creutz/ mit vestem Vertrauen/ seine verlohrne Gesundheit widerumb durch die Hand GOttes zu erlangen / welches auch wundersamer Weis geschehen/ also/ daß er anjetzo nicht allein bey völligen Kräfften seinem Handwerck nachkommen könne/ sondern auch kein einiges Wahrzeichen der gehabten langwirigen Sucht mehr verspühre. Also aidlich examinirt in Beyseyn der End gesetzten Zeugen.
Den 18. Tag Maij/ Anno
1682.

Dem

Ligno dulcescunt Undæ
Exod: 15.

DEm Jsraelitischen Volck/ nach allbereit glücklich überwundenem rothen Meer/ gebrache drey Tag an Wasser/ vnd stunde in Gefahr Mensch vnd Vich wegen vngewohnlichen Dursts in der vngehewren Wüsten zu verschmachten: Es gelangte zwar das gesampte Heer nach Mara/ vermainend von disem Wasser den Durst zu stillen/ aber vergebens/ neq poterant bibere aquas, eò quòd essent amäamaræ, sie kunten das Wasser von Mara nicht trincken/ darumb daß es bitter ware; Der Heer-Führer Moyses in so betrübten Sachen laufft zu GOtt/ diser weiset ihm ein Holtz/ welches/ als ers in das Wasser legte/ ist es in süssen Geschmack verändert worden.

Ein wunderbarliches Holtz/ woher hat solches so unerhörte Würckung genommen/ das allerbitterste Wasser in angenehmste Süssigkeit zu verkehren? Was wird under disem Wunder-vollen Holtz verstanden/ und was under disem bittern Wasser?

Der berühmte Paoletti fer. 6. Dom. 1. Quad. versteht under disem wunderbärlichen Holtz nichts anders als das gnadenreiche Creutz Christi JESU/ under dem bittern Wasser aber die Mühe und Trübseligkeit diser Welt: quali sono, sagt er, quest' acque amare? gl' affanni e le calamità di questo mondo; se vogliamo farle trasformare in dolcezza, che s' hà da fare? metterui legno della Croce, non come legno; mà come istromento rappresentante la passione di Giesù Christo. Zu Teutsch: Was seynd diß für bittere Wasser? Die Bekümmernuß und Trübseligkeiten diser Welt/ wann wir dieselbe wollen verkehren in Süssigkeit/ was hat man zu thun? Man muß da rein legen das Holtz deß H. Creutzes/ nicht als ein Holtz/ sondern als ein Werckzeug/ so da vorstellet das Leiden Christi JESU.

Di

Dises bittere Wasser der Trübseligkeit hat auch müssen versuchen nachgesetzte beneficirte Manns-Persohn/ so von dem Schlag oder vulgò Gwalt GOttes schmertzlich getroffen worden/ nachdem er aber dises trostreiche Holtz deß H. Creutz in das Wasser seiner Müheseligkeiten geworffen/ ist alle Bitterkeit der Schmertzen in höchste Süssigkeit der erwünschten Gesundheit gelanget.

Vom Schlag oder Gwalt GOttes wundersame Genesung.

JOhannes Jaser von Raiteren / ein Filial nach Welden gehörend/ nahend bey 60. Jahren/ zeigt allhier jurato an/ wie daß er von dem üblen Zustand/ der Gwalt Gottes genant/ auf der rechten Seiten seines Leibs schwerlich getroffen/ auch selbiger Seiten Glider allerdings erlahmet/ vnd vntüchtig worden: In disem elenden Zustand vnd grossen Schmertzen seines Leibs vernimbt er von disem H. wunderthätigen Creutz zu Biberbach/ verspricht dorthin eine Wallfahrt abzulegen/ vnd verspührt alsobalden augenscheinliche Linderung/ vnd nach vollzogtem Gelübd vollkomme Besserung/ also zwar/ daß er seiner Arbeit wider komentlich nachgehen/ vnd die Glider gleich wie vorher gebrauchen kan; Welches auch selbsten mit Augen gesehen/ vnd in Wahrheits-Grund attestiret der WohlEhrwürdige vnd Hochgelehrte Herr M. Jacobus lus Preß / SS. Theol. Candid. vnd Pfarrer zu Welden / mit eigner Hand vnd aufgerucktem Pettschafft den 28. Tag Junij Anno 1682.

Von verletzt= vnd vast erblindtem Aug glückliche Erledigung.

MAria Schorerin von Welden / Wittib / bringt aidlich vor / was gestalten ihr Tochter Anna im 11. Jahr an dem rechten Aug ein entsetzliches Geschwär bekommen / vnd grosse Schmertzen an solchem erlitten / also zwar / daß sie 9. Tag das geringste nicht mehr daran gesehen / vnd mäniglich angefangen an dessen Curierung Menschlicher Weiß zu verzweifflen: in solchen Sachen / nach vmbsonst gebrauchten natürlichen Mitteln / verspricht sie Mutter dise ihre Tochter allhero zu dem H. Creutz / bald darauf legt sich der Wehetag / vnd das Mägdlein wird nach aufgebrochnem Geschwär mit den Gnaden GOttes am zehenden Tag wunderbarlich restituirt. Welches ermelte Maria Schorerin / als Mutter / vnd dise beneficierte Persohn selbsten / sampt Thomä Steiglè ihrem Nachbauren cum juramento angesagt / in Beyseyn Herrn Johann Ulrich Spindlers / Pflegers / Johann Holtzhausers deß Gerichts / Jacob Kellers / vnd andern.

* * *

Wun-

65.

Wundersame Erledigung eines mit dem laidigen Außsatz inficirten Menschen.

JM dritten Buch Moysis c. 14. v. 2. befahle der Allerhöchste/ wann ein Außsätziger völlig von gehabtem Siechthumb wolte gereiniget werden/ so solle der Priester vor denselben auffopffern zwey lebendige Spatzen/ einen also bey Leben/ den andern aber tödten lassen/ alsdann mit in dessen Blut eingedunckten Ceder=Holtz/ sampt rother Seiden und Hysopp/ dergleichen Persohnen sibenmahl besprengen/ auf solche Weis soll ein solcher neben angewendten noch andern Ceremonien von dem Außsatz vollkommentlich gereiniget/ und der Gemeinschafft anderer Menschen widerumb zugesellet werden. Muß bekennen/ ein wohl seltzamer und nachdencklicher Befelch deß Allerhöchsten! Hæc omnia in figura contingebant illis, scripta sunt autem propter nos, sagt der H. Paulus 1. Cor. 10. v. 11. Dises alles geschahe in Figur und Vorbedeutung/ es ist aber wegen uns geschriben. Was wird dann durch dise wunderliche Beschaffenheit der Reinigung eines Leprosen vermittelst deß in Blut eingedunckten Ceder=Holtzes verstanden?

P. Antonius Genuens. de Rampelogis in Fig. Bib: fol. 563. versteht durch solche Außsätzige die sündige Menschen/ durch die 2. Spatzen die

E   Gött-

Göttliche vnd Menschliche Natur in Christo/ durch das in Blut gedunckte Ceder=Holtz das Holtz deß H. Creutzes/ welches nicht im Blut eines Spatzen/ sonder im allerköstbaresten Blut Christi JESU selbsten gefärbet/ vnd darmit der vnheilbare Außsatz deß gantzen Menschlichen Geschlechts gereiniget werden.

Mit disem im rosenfarben Blut deß Erlösers eingedunckten Ceder=Holtz/ das ist/ mit dem H: Creutz hat sich neben vestem Glauben auf die Verdienst seines Heylands auch besprengt folgende außsätzige Persohn/ vnd also wunderbahre Reinigung seines Leibs erhalten.

Antonius Mazzepari/ ein Mann von 64. Jahren/ wohnhafft zu Marckt (von welchem num. 15. schon vermeldet worden) hatte neben schmertzhaffter Leibs=Ruptur an seinem Leib ein gewisse Speciem deß laidigen Außsatzes oder Siechthumbs bekommen/ vnd mit solchem Zustand einen gantzen Jahrs=Lauf mit vngewohnlichen Beiß deß vnrainen Fleischs/ ꝛc. behafft gewesen/ dahero er auch besorchten/ weilen solcher vnheilbarer Leibs=Zufall allbereit begunte vnder denen Erfahrnen eine Sulpicion vnd heimliche Underredung zu machen/ von der Gemeinschafft anderer Menschen abgesöndert zu werden/ dieweilen aber im erstern Zustand als der 2. Rupturen durch Anruffung deß H. Creutzes so wundersame Hülf erhalten/ hat er mit gleichem Vertrawen in disem seinem Siech-
thum

thum zu dem gecreutzigten Heyland gerueffen/ mit tröstlicher Zuversicht/ nicht mehr von gefaßter Andacht abzustehen/ biß er auch solche Gnad von der Göttlichen Barmhertzigkeit erlangete; Welches auch in kurtzem also beschehen/ vnd sein Fleisch gleich eines kleinen Kinds wunderbarlich ist gereiniget worden; Welches ansehliche Beneficium aidlich verhöret/ vnd einhellig bezeugen die zu End vnderzogne Zeugen. Den 18. Maij Anno 1682.

Von verkrämpter Persohn/durch vermuthlich gelegte Sachen/denckwürdiger Casus vnd Hülf von disem H. Creutz.

Vor Zeiten/ wie zu ersehen bey dem Propheten Ezechiel c. 9. v. 5. ware von dem gerechten Gott ernsthafft anbefohlen/ daß alle vnd jede lebendige Seelen in der gantzen Stadt Jerusalem wegen vilfältigen Laster-Thaten grausamlich solten erwürget/vnd ohne einige Barmhertzigkeit ermordet werden/ außgenommen alleinig der jenigen / so an der Stirnen ihres Angesichts werden vorweisen können das Zeichen vnd Buchstaben T. omnem autem, super quem videritis Tau, ne occidatis. Ihr sollet keinen tödten/ an welchem ihr das Zeichen T. sehet. Disen allen solle Gnad vnd Perdon gegeben werden/ welches auch also geschehen.

E 2 Es

Es möchte einer hier nicht vnbillich die Gedancken machen/ warumb doch den jenigen/ so das Zeichen T. im Angesicht köndten vorweisen/ in allgemeiner Niderlag zu Jerusalem solte verschonet werden? Was wird dann vnder disem T. deß so wol Griechisch- als Lateinischen Buchstaben vorgebildet? Der H. Hieron: in hunc locum super Ezech. verstehet darunder das H. Creutz: Littera T. olim habuit Crucis figuram. **Der Buchstaben T. hat vor Zeiten die Figur deß Creutzes gehabt.** Per signum T. sagt Ludov: Pepin: in Serm. de exalt. S. Crucis, intelligitur signum Crucis, quicúnque ergò defert hoc signum Crucis super se in anima per rectam fidem & sinceram devotionem, talis à morte spirituali & æternali liberatur. Durch das Zeichen T. wird vorgebildet das Zeichen deß H Creutzes/ wer derowegen diß Zeichen deß Creutzes hat an seiner Seel durch rechten Glauben/ vnd hertzlicher Andacht/ ein solcher wird vom geistlichen vnd ewigen Tod befreyet. Noch füglicher redet zum Vorhaben deß nachfolgenden Beneficii der H. Augustinus Serm. 19. de S.S. Hoc signum veneficia destruit, & omnia dæmonum machinamenta ad nihilum redigit. Dises Zeichen/ verstehe das H. Creutz/ vertreibt alle Zaubereyen/ vnd macht zu nichten alle Nachstellungen der höllischen Teuflen.

Erfahren hat solches mit vnglaublicher Frewd seines Hertzens allhie nachgesetzter benekcirter Knab/ so dises trostreiche Zeichen T, das ist das H. Creutz/ wohl in sein Hertz gefaßt/ vnd dardurch alle Teuflische Nachstellungen/ vnd Gewalt der bösen Leuthen glücklich überwunden.

Vitus Himmelsperger/ ein Knab von 10. Jahren/ Mattheis Himmelspergers/ Hirtens zu Hirschbach/ ehlich erzeugter Sohn/ als er dem Allmusen den Weeg nach Hochenreichen nachgangen/ ware vnversehens/ vermuthlich durch gelegte Zauberey der bösen Leuthen/ dermassen verkrämmet/ daß er 5. gantzer Wochen keinen Tritt mehr gehen/ noch stehen kunte/ sonder von seinen Eltern mit grosser Beschwernuß müssen gehebt/ gelegt vnd getragen werden: Endlichen vernehmen erst-berührte Eltern von disem Wunderthätigen Creutz zu Biberbach/ fassen ein Hoffnung zu demselben/ vnd versprechen allhero mit einem Gelübd vnd wächsenen Knabens-Bildnus disen ihren verkrämbten Sohn/ von selbiger Zeit an/ fangt der Knab an frischer zu werden/ mehrmahlen auf die Füß zu tretten/ vnd seinen Weg vnd Steg ohne einige Verhinderung zu gehen/ kombt allhero mit seinem Vatter/ vnd sagt schuldigsten Danck dem H. Creutz. Welches alles Mattheis Himmelsperger deß Knaben Vatter/ Rudolph Wampesohn/ dessen Verwandter vnd Nachbaur/ vnd vorderist der Knab selbsten/ in Beyseyn der Zeugen Adam Lauthers/ vnd Hanß Millers/

Schmids

Schmids von Biberbach/ mit abgelegtem leiblichen Aid betheuret/ den 22. Tag Maij/ Anno 1682.

Von contracten Glidern gleichsam augenblickliche Erlediaung durch Ausrueffung deß H. Creutzes.

MAria Magdalena Bayrin von Ehekirch/ nahend bey 60. Jahren/ ware ein Zeitlang gantz contract in ihren Glidern/ sonderbahr aber in dem Rucken/ daß sie ohne grosse Schmertzen sich etlich Tag nicht mehr neigen vnd wenden kunte; In solchem Zustand sucht sie ebnermassen ihr Hoffnung bey dem H. Creutz/ verspricht sich allhero mit 3. H. Rosenkräntz vnd gewissem Opffer in den Stock zu legen. Gleich von selbigem Augenblick deß Versprechens/ vergeht aller Wehetäg in Glidern vnd Ruggen/ nicht anderst/ als wann solcher auf einmahl mit einer Hand wäre abgestrichen worden/ sub juramento also eingenommen in Gegenwart vnderschribener Zeugen. Den 18. Tag Maij/ Anno 1682.

* * *

Quan cum percussi aspicerent sanabantur. Num: 21.

ES soll billich einem Chriſtlichen Menſchen einen ſondern Troſt bringen / ja das Hertz im Leib ſich erheben / wann er höret jene Gnaden=volle Verſprechung / ſo der gebenedeyte Erlöſer (wie Ludov. Bloſ. in Mon. ſpir. c. 2. vermeldet) ſchon vor Zeiten der ſeligen Jungfrawen Gertrudi gethan: Wie offt / ſagt er / ein Sünder mit hertzlicher Rew und Andacht anſehen wird ein H. Crucifix / ſo offt ent=

gegen will ich auch ansehen denselben mit meinen Gnaden vnd Göttlicher Barmhertzigkeit. O trostreiche Wort!

Bekandt ist es/ was gestalten jener wunderthätige Befelchhaber Moyses/ auf erhaltenen Befelch von dem Allerhöchsten/ eine von Ertz gemachte Schlangen wider die murrend- vnd rebellische Jsraeliter in der Wüsten aufgerichtet/ welche/ als die Verwundte von din fewrigen Schlangen angesehen/ ohneracht sie allbereit mit dem grausamen Tod selbsten gerungen/ nichts desto minder durch den eintzigen Anblick solch erhöchten Schlangen die Gesundheit erhalten/ vnd mehrmahlen von GOtt zu Gnaden aufgenommen worden. Wie ist es möglich/ solte einer darvor halten/ daß dise von Metall gemachte vnd am Holtz erhöchte Schlangen so wundersame Würckung haben solte/ einen schon gleichsam dahin sterbenden Menschen mehrmahlen zur Gesundheit vnd Leben zu bringen?

O! sagt Tertulianus der vralte Lehrer/ Lib. de Idol: c. 5. freylich ist es möglich/ immassen dises Holtz ein sonderbahre Figur gewesen deß H. Crutzes/ vnd die erhöchte Schlang ein Vorbild deß gecreutzigten Seligmachers/ welcher selbsten sagt Joan. 3. v. 14. Sicut Moyses exaltavit serpentem in deserto, ita exaltari oportet Filium hominis. Gleich wie Moyses die Schlangen in der Wüsten erhöhet hat/ also muß auch

deß

deß Menschen Sohn erhöcht werden. Waß
dañ/ nach dem Wort deß Allerhöchsten/ das blos-
se vnd einige Ansehen diser ärtzinen Schlangen
denen allbereit mit dem Tod ringenden Israe-
litern augenblicklich hat können die Gesundheit
ertheilen/ wie vilmehr/ O schwerer Sünder!
wird das hertzliche Ansehen Christi JESU
selbsten/ als deß lebendigen Sohn Gottes/
schmertzlich für dich hangend an dem Stammen
deß H. Creutzes/ dir können vnd sollen ein Hoffnung machen?

Ein solches hat neben vilen andern auch erfahren folgendes beneficirtes Knäblein/ welches
nur einmahl dises H. vnd wunderreiche Creutz
mit kindlicher Einfalt angesehen/ vnd also in seinem Hertzen eingetruckt/ daß er von selbsten in
bevorstehender Gefahr seines Lebens/ mit kläg-
lichem Seufftzen solchem zugeruffen/ vnd auch
wunderbarliche Hülf durch dasselbe erhalten.

Von einem verschluckten Creutz-
lein denckwürdiger Casus, so nach Anruffung
deß H. Creutz widerumb von selbsten auß dem
Leib durch den Mund hervor
gesprungen.

Leonhard Berchtenbreiter/ ein Knab von 3.
Jahren zu Langenreichen/ spilte in dem
Mund mit einem von Möß gemachten Creutzlein eines halben Manns Fingers lang/ in solchem

chem schluckte der Knab vnversehens dises mössine Creutzlein/ welches ihme mitten in dem Hals vnd Schlund steckend gebliben; Das arme Kind erschwartzet ab solchem/ will ihme möglich mit dem Fingerlein helffen/ aber vmbsonst/ immassen solches Creutzlein noch immer weiter in den Hals vnd Leib hinunder gesuncken/ ja nichts mehr anderst als der gewisse Tod dises armen Kinds verhoffet wurde; In solchen verzweiffleten Sachen rueffen die Eltern zu dem Gnaden-Bild deß H. Creutzes nach Biberbach/ ja das Knäblein selbsten fangt an mit halb-todter Stimm zu rueffen: O JESU! durch dein H. Creutz zu Biberbach hilff mir; Ein Wunder-Sach! gleich von selbigem Augenblick springet das mössine Creutzlein widerumb von dem Leib vnd Schlund herauf mit aller höchster Verwunderung/ ohne einigen Schaden vnd Verletzung. Welches Beneficium neben andern auch attestiret/ also in Wahrheits-Grund geschehen zu seyn/ der Ehrwürdig vnd Wohlgelehrte Herr M. Johann Jacob Sarre/ Pfarrer zu Langenreichen/ vnd vorderist der Ehrengeachte Georg Berchtenbreiter/ Wirth von gedachtem Langenreichen/ als deß Knaben Vatter/ cum formali juramento, in Beyseyn vnderseter Zeugen. Den 18. Tag May/ Anno 1682.

Von

Von stummer Zungen eines Knabens von 3. Jahren/ so auf beschehenes Gelübd zu disem H. Creutz wunderbarlich anfangen zu reden.

Görg Hoppenberger/ ein Knab von drey Jahren/ kunte in solchem Alter noch kein Wort mit der Zungen vorbringen/ so daß man vast beforchten/ der Knab werde also stumm die Zeit seines Lebens verbleiben; Die Eltern wissen in solcher Begebenheit keinen bessern Rath vnd Mittel zu suchen als bey dem Wunderthätigen Creutz/ versprechen dorthin diß ihr Söhnlein mit Gebett vnd einer von Wachs gemachten Bildnuß/ vnd sihe! bald darauf innerhalb 14. Tagen fangte an dises Knäblein verständig zu reden/ vnd mit Verwunderung die Zungen gleich anderer Menschen gelöset zu werden. Welches Caspar Hoppenberger/ Tagwercker zu Biberbach vnd Ursula dessen Eheweib aidlich bekräfftiget den 29. Tag Junij Anno 1682. Gezeugen seynd dessen Hanß Holtzhauser/ deß Gerichts/ Adam Lauther/ vnd andere von der Gemein.

Wundersame Erledigung eines krum- vnd schmertzhafften Fuß.

Jacob jener vil-betrübte Patriarch/ als er einmahls die Nacht biß auf angehende Mor-

Morgen-Röthe mit dem Engel range/hat zwar von ihm den Segen/ aber auch ein erlahmte Seenen in seiner Hüfft/ vnd zugleich einen hinckenden Fuß darvon getragen: ipse verò claudicabat pede. *Gen. 3 2. v. 3 2.* Er aber hinckete an einem Fuß/ derowegen er auch eines Stabs zur Beyhülf auf der Reiß sich gebrauchte/ laut deß Texts: In baculo meo transivi Jordanem. *cap. eod.* Mit meinem Stab bin ich über den Jordan gezogen.

Es fragen über disen Paß die Gelehrte/ was doch vnder disem Stab deß lahmen vnd hinckenden Jacobs verstanden werde/ immassen bekandt/ daß das alte gantze Testament ein Figur deß newen gewesen? Gul. Pep. in Serm. de Invent. S. Crucis, versteht darunder den gnadenreichen Stab deß H. Creutzes/ hic ergò Jacob transit Jordanem vitæ præsentis, & sic pervenit ad terram promissionis, quum exemplo obedientiæ Christi in Cruce morientis didicit obedire,&c. Diser fromme Jacob raiset mit dem Stab (als mit der Figur deß Creutzes) durch den rauschenden Fluß Jordan dises gegenwärtigen Lebens zu dem gelobten Land der Versprechung/ dieweilen er durch das Exempel deß Gehorsams Christi/ der für vns am Creutz gestorben/ gelehrnet hat zu gehorsamen/ꝛc.

Auf disen wunderreichen Stab deß H. Creutzes hat auch seine Hoffnung gesetzt ein anderer hinckender/ vnd vor Schmertzen schier erlahmter

ter Jacob/ welche er durch vesten Glauben auf die thewre Verdiensten deß gecreutzigten Heylands auch wunderbarlich gefunden.

Jacob Dieterich/ wohnend zu Sunthen in Zusamalter-Pfarr/ hatte einen kürtzern Fuß vmb 2. gute Manns-Finger/ als den andern/ an welchem er nicht allein was krumm vnd hinckend pflegte zu gehen/ sondern auch grosse Wehetagen daran zu erleiden; Jn solchem Zustand verlobt er eine Wallfahrt zu dem heiligen Creutz nach Viberbach/ mit hertzlicher Beicht vnd Communion zu vollziehen; Ein Wunder! nach beschehenen disen Sachen/ als erwehnter Jacob auß der Kirchen sich begabe/ vnd den Berg herunder stige/ vergehen auf dem Weg wundersamer Weis so bald die Schmertzen/ vnd der krumm- vnd hinckende Fuß wird darauf auch grad vnd aufrecht als der ander/ so/ daß deß hinckens das geringste nicht mehr wird verspühret. Welche Gutthat er Beneficirter allhier aidlich angesagt/ vnd auch sub juramento verhöret der Wohl-Ehrwürdig vnd Hochgelehrte Herr M. Johann Carl Greggenhofer/ deß Land-Capituls Wertingen Dechant vnd Pfarrer zu Zusamalten. Zeugen seynd dessen Hanß Ruprecht/ vnd Hanß Lutz/ beede Gerichts-Männer von Sonthen. Den 4. Tag Julii/ 1682.

Aber-

Abermahlige wunderbarliche Abhelffung eines schadhafften Fuß.

JSidor Bömb von Marckt/hat grosse Wehtagen vil Tag lang an einem s. v. elenden Fuß/ vnd begunte allbereit das Geäder dises Fuß einzugehen/ vnd kürtzer zu werden/ in solchem thut er ein Gelübd zu disem H. Creutz/vnd opffert zugleich auf einen wächsenen Fuß/ nach welchem er alsobalden die Göttliche Hülf verspühret/ so/ daß er deß gehabten Schaden kein einiges Anzeigen mehr wahrnehme. Sub juramento also examinirt den 2. Tag Julij/ Anno 1682. Zeugen seynd Hanß Holtzhauser/Adam Lauther/ Thomas Widlener vnd andere von der Pfarr Biberbach.

Von fernerm verletzten vnd übel geschwollenen Fuß.

GEorg Deimbharter Bier-Preÿ zu Marckt/ hatte grossen Wehetag an einem s. v. entzündten vnd übel-geschwollenen Fuß/ also zwar/ daß er keinen Tritt mehr darauf gehen noch stehen kunte/ vnd mäniglich den laidigen Brand daran beforchten/ nach gethanem Gelübb zu dem H. Creutz/ nimmet ab von Stund an der Wehetag vnd die entsetzliche Geschwulst/so/daß er noch selbigen Abend auf disem Fuß stehen/vnd folgends darauf gehen kunte. Welches Beneficium er Deimbharter mit eigner Hand/vnd dann
nuch

79.

auch mit abgelegtem Juramentin Beysein der vnderschribenenZeugen betheuret/den 18.Maii/ als zu disem Act. angestellten Verhörs-Tag/ Anno 1682.

Von langwiriger Gehörlosigkeit
einer betagten Weibs-Persohn wundersamer Casus.

Elias/ jener Eifer-volle Prophet/ nachdeme er täglich von den wilden Raaben mit Brod vnd Fleisch wunderbärlich in der Wüsten gespeiset worden/ hat endlich auf erhaltenen Befelch GOttes von disen Orthen sich müssen erheben/ vnd nach Sarephta verraisen. Unfern von dem Eingang diser Stadt ersahe solcher hungerige Prophet ein arme Wittib/ auß Noth das Holtz auf der Strassen samlend/ von diser begehrt er einen Trunck Wasser/ vnd Bissen Brod zu geniessen; Das arme Weiblein/ weilen sie dessen selbst Mangel hatte/ entschuldiget sich höflich/ wendet vor ihre Armuth/ daß ohnmöglich ihre falle/ in solchem Begehren hülfreiche Hand zu laisten: Vivit Dominus Deus tuus, quia nó habeo panem. 3. Reg. c. 17. v. 12. So wahr der HErr dein GOtt lebt/ ich hab kein Brodt. Und alsdann setzt sie hinzu: en colligo duo ligna: Sihe/ ich samle ein paar stücklein Holtz.

Umb GOttes willen/ was ist das vor ein wundersame Consequenz diser erarmeten Wittib: Weilen ich kein Brod habe/ so samle ich

ich ein paar stücklein Holtz? Wie geht das zusammen: Ein Brod/ vnd stücklein Holtz? Ich glaube/ dises nothleidende Mütterl nicht mehr gewußt zu haben/ was sie auß Armuth rede. Warumb thut sie dann Meldung von zwey stück Holtz vnd nicht von eim oder mehrern?

Die Lehrer/ vnd sonders Rupertus Abbas de Trinit. l. 5. c. 7. seynd der Meinung/ daß durch solches paar Holtz gar füglich könne vorgebildet werden das H. Creutz/ welches von zweyen Höltzern ware zusammen gestossen: En colligo duo ligna, sagt erwehnter Lehrer in Persohn diser armen Wittib/ & meam consolor inopiam, amplectens duo ligna Crucis. Sihe/ ich samle zwey stücklein Holtz/ vnd tröste darbey mein Armuth/ zugleich vmbfassend die zwey stücklein Holtz deß H. Creutzes/ dises soll mein Trost in Armuth seyn.

O warlich ein hertzlicher Trost! sein Hoffnung vnd Vertrawen in allen Nöthen vnd Armseligkeit setzen auf das **Creutz Christi JEsu**/ an welchem ist das Heyl/ vnser Leben/ vnd Auferstehung. Welches erfahren hat folgende auch vast dergestalt arme vnd betrübte Wittib/ daß kein bessere Zuflucht zu suchen/ als vnder dem Schatten deß H. Creutzes. Der Verlauf ist diser:

Susanna Hillebrandin von Marckt vnfern von 70. Jahren (von welcher allbereit n. 21. vermeldet worden) ware nach 2. jährigem starcken chen Kopffwehe völlig vmb das Gehör kommen/ also zwar/ daß selbe von etlich Jahren hero auch so gar kein Wort mehr von der Predig/ obwolen zu nächst bey der Cantzel stehend/ hören/ noch minder verstehen können; In solchem elenden Zustand/ sucht sie ebnermassen ihr Hoffnung bey dem gecreutzigten Erlöser vor diser andächtigen Bildnuß/ vnd erhaltet so vil/ daß sie gleich selbigen Tag deß Gelübds einen langen vast niemahlen ersehenen Wurm/ 2. gemeiner Zoll lang/ durch den Mund/ vermittelst einer Husten/ vnd bald darauf noch einen dergleichen herauß gezogen/ von welchem Tag an/ das Gehör allerdings widerumb bekommen/ so daß sie anjetzo/ obwohlen nicht gar vollkommentlich/ doch meistens alles in gemeiner Sprach hören vnd verstehen kan. Wegen beeden disen empfangenen Gutthaten hat dise Persohn ein Täfelein/ an welchem solcher Wurm angehefft zu sehen/ machen/ vnd solche Geschicht zur Gedächtnuß verzeichnen lassen. Sub juramento examinirt den 18. Maij/ Anno 1682. in Gegenwart der zu End notirten Zeugen.

Abermählige wunderthätige Hülf
von Sucht- vnd Abnehmung der Leibs-Kräfften.

Vnermassen betheuret jurató Dorothea Bömin von Marckt/ ein Weib von 56. Jahren/ welcher gestalten sie bey einem halben

F Jahr

Jahr her außgesuchtet/ vnd neben innerlichen grossen Wehetagen auch mercklich von Tag zu Tag am Leib vnd Krässten abgenommen/ derowegen auch vil Weltliche Mittel versucht/ aber nichts in allem ersprießen wollen/ biß endlich sie vor Schwachheit an einem Stecken zu gehen gezwungen worden. Nachdeme aber sie das Gelübd zu disem H. Creutz gethan/ vnd mit Gebett vnd Wachs-Kerzen allhero versprochen/ ist von selbiger Zeit an aller Wehetag vergangen/ vnd dieselbe mehrmahlen zu vorigen Krässten vnd Gesundheit deß Leibs gelanget/ welches also beschehen zu seyn auch bekrässtigen die zu letst gesetzte Zeugen/ Anno 1681. den 13. Novembris.

* * *

Ene Kundschaffter/ so auf Befelch deß
Allerhöchsten in das gelobte Land verordnet worden/ als sie nach einge-
nommenem Bericht vnd Beschaffenheit der
Sachen widerkrahlen zu dem Volck in die Wüsten kehrten/ haben vnder andern Früchten/ zu
sonderm Wahrzeichen dises von Milch vnd Ho-
nig fliessenden Lands/ auch mitgebracht eine ab-
geschnittene Reben mit daran hangendem grossen

sen vnd vngewohnlichen Trauben: Absciderunt palmitem cum uva, sagt der Text, quem portaverunt in vecte duo viri. Sie hatten abgeschnitten eine Reben sampt der Trauben/ welchen zwey Männer an einer Stangen getragen.

O wunderbahrliche vnd niemahlen erhörte Trauben! Was wird für ein sonders Geheimnuß vnder disem verborgen/ daß er von zweyen vnd starcken Männern an einer Stangen solle getragen werden?

Verschidene Lehrer/ vnd sonders Matth. Fab. in Sanct. Trip. in Serm. de S. Cruce, seynd der Mainung/ daß durch ermelte Stangen gar füglich angedeutet werde die Stangen deß H. Creutzes/ an welchen zwey Männer Josue vnd Caleb/ das ist/ Judaismus, der Judenthum vor- vnd Gentilitas, die Heydenschafft nachgetragen; Under solch aber wunderlichen Wein-Trauben werde nichts anders vorgebildet/ als der mildreichiste Erlöser selbsten/ laut der Göttlichen Schrifft/ Cant. 1. v. 13. Botrus Cypri Dilectus meus. Mein Geliebter ist mir ein Cyper-Traub. O wie grausam ist diser süsseste Wein-Trauben der allergütigste JEsus an dem Torckel deß H. Creutzes nicht außgepresset worden/ biß endlich auch das mindiste Blut- vnd Wasser-Tröpfflein nicht mehr in Jhme verbliben? Solche vnaußsprechliche Süssigkeit dises Göttlichen Wein-Traubens/ schmertzlich hangend an der

der Stangen deß H. Creutzes hat auch genossen/ vnd im Werck erfahren hier beygesetzte hohe Stands-Persohn/ ꝛc. Der Verlauf ist diser:

Den 13. Junij Anno 1682. kame allhero die Frey-Reichs-Hoch-Wohlgebohrne Fraw/ Fraw Maria Anna/ Freyfraw von Pappenheim/ gebohrne Freyin Füegerin zu Fridberg/ Fraw zu Wertingen vnd Hochenreichen/ ꝛc. anzeigend/ wie daß ihr Töchterlein ein Fräwlein im ersten Jahr vnglaubliche Frais gehabt/ vnd allbereit völlig an dero Leben verzweifflet worden; In solchem betrübten Wesen verloben Ihr Gnaden diß ihr Fräwlen Töchterlein allhero zu dem H. Creutz/ von welcher Zeit an/ sobalden augenscheinlich vnd wunderbarlich die Frais nachgelassen/ vnd wohl-gedachtes Fräwlen zur völliger Genesung gelanget; Der Wahrheit zur Steur haben Ihr Gnaden auch ein Täfelein allhero verschaffen lassen.

Von gefährlichem Frais vnd Vergicht abermahlige wundersame Erledigung.

Walburga Lechnerin/ Bäurin von Albertzofen/ verlobet ihr Söhnlein Joseph im ersten Jahr/ mit einer wächsenen Kinds-Bildnuß allhero zu dem H. Creutz/ mit solchem Zustand in höchster Lebens-Gefahr begriffen. Item Margaretha Kretzlerin von Marckt/ verspricht eben-

ebenfalls ihr Töchterlein Mariam von derglei=
chen Alter/ auch mit Tods=gefährlichem Ver=
gicht vnd Frais behafftet/ sampt deren noch vi=
len andern zu disem hochwerthen Creutz/ nach
welchem von Stund an sich in beeden alle
Kranckheit verzogen/ vnd durch Göttliche Hülf=
völlig restituirt worden. Also gidlich neben
andern noch dergestalt geholffnen Zustand ein=
genommen/ in Beyseyn vnderschribner Zeugen/
den 18. Tag Maij/ Anno 1682.

Von langwirig= vnd gantz vnge=
wohnlichen Haupt=Schmertzen wun=
dersam erhaltene Hülf.

David/ jener mannhaffte Hirten=Jung/ als
er wider den vngeheuren Philisteer mit vn=
erhörten Dapfferkeit zu Feld gezogen/ hat kei=
ner anderer Waffen als eines Stabs/ Schlin=
gen vnd 5. glater Stein sich gebrauchet: Tulit
baculum suum, quem semper habebat in mani-
bus, & elegit sibi, quinque limpidissimos lapides. 1. Reg. c. 17. v. 40. Er nahme seinen Stab/
den er allzeit in Handen truge/ vnd erwöhlet ih=
me fünff sehr glate Stein auß dem Bach/ vnd
legte sie in die Hirten=Tasch/ die er bey sich hatte/
vnd nahm die Schlingen in sein Hand/ also tratt
er entgegen den Philisteer/ welchen er durch
sonderbahren Beystand GOttes glücklich über=
wunden.

Ein Wunder=Sach! Wer hätte ihnt jemah=
len

len die Gedancken gemacht/ daß Goliath/ jener
unvergleichliche Riß/ ein Forcht deß gesampten
Israelitischen Heers/ solte von einem unbewaffneten Hirten-Jungen mit so unbeschreiblicher
Dapfferkeit überwunden werden? In was
dann sighafften Zeichen hat David disen seinen
Feind geschlagen?

Der Parisiensische Theologus Pepin: O. P.
in Serm. de Imit. S. S. fol. 219. vnd andere verschidene Lehrer seynd der sichern Mainung/ daß
David alhier ein Figur gewesen deß gecreutzigten JEsu/ in dessen Zeichen/ das ist in dem Stab
deß H. Creutzes/ vnd mit denen fünff glatten
Steinen/ so seynd die fünff blut-trieffende Wunden/ der höllische Goliath glückseligist überwunden/ worden: Sic & nos, fahret ferner fort der
citirte Lehrer/ præliaturi contra dæmonem debemus assumere baculum Crucis, ponendo fiduciam nostram in ea, &c. Also ist vonnöthen/
wann wir streiten wollen wider den höllischen
Feind/ daß wir ergreiffen den Stab deß H. Creutzes/ vnd all vnser Vertrawen auf dasselbige setzen.

Auf disen Stab deß H. Creutzes/ vnd fünff
Glor-reiche Wunden deß allergütigisten Erlösers hat mit dem H. David auch seine Hoffnung
gesetzt/ vnd in langwiriger Kranckheit vnd Trübsalen gefunden

CAtharina Kranisfelderin von Marckt/ ein
Weib von 60. Jahren/ hatte 4. gantzer

Jahr grosse vnd vast continuirliche Haupt-Schmertzen/ also/ daß sie endlich vor vnerträglichen Wehetagen ihrer gantz vnwissend/ vnd in dem Kopff verruckt wurde / so/ daß sie offtern absonderlich zu Morgens/ als ein Topff/ vor Schmertzen im Zimmer vmbgeloffen. In solcher schweren Begebenheit sucht sie neben zutem Vertrawen auf die Verdiensten deß gecreutzigten Erlösers ihr Zuflucht bey disem hochheiligen Creutz/ verspricht sich allhero mit eiferigem Gebett vnd weisser Vierlings-Kertzen; Ein Wunder! In wenig Tagen nach so beschehenem Gelübd gelangt sie / ohne jemahlen ander angewendte Mittel wunderbahrlich zu volkommner Gesundheit/ so/ daß sie deß so langwirig gehabten Zustand kein Anmercken mehr wahrnehme. Angesagt vnd aidlich verhöret den 19. Tag Maij Anno 1682. Zeugen seynd diser Hoch-Gräfl. Fuggerischen Herrschafft Pfleger der Edle Herr Johann Ulrich Spindler/ Adam Laather / Johannes Kranisfelder/ vnd andere von Marckt Biberbach.

Wunderthätige Erledigung von
langwirigem Schwindel deß
Haupts.

Johannes Hörmann von Bretlatzofen/ ein Mann von 50. Jahren/ ware erdlich wegen vilen Haupt-Schmertzen vnd starckem Schwindel in dem Kopff gantz dämisch/ vnd seiner

ner vnwissend worden/ also zwar/ daß er so gar
keinen Menschen/ vnd kaum auch mehr die Hauß-
genossene/ als allein an der Sprach erkennete:
In solchem Anligen begibt er sich mit Gelübd
vnd Gebett zu dem H. Creutz/ vnd erhaltet so
vil/ daß er wunderthätiger Weis inner wenig
Tagen zu vorigem Stand der völligen Gesundheit gelanget. Welches Beneficium dise Persohn juratò bekräfftiget/ vnd auch solches attestirt R. D. Adamus Claus, Parochus in Bret-
latzofen/ Paulus Kraus/ Matthias Schrag/
vnd andere von diser Pfarz.

Vast augenblickliche wundersame
Erledigung von einem schmertzhaff-
ten Stein.

Joseph Pupuli/ Metzger zu Wertingen/ vnd
Maria sein Haußfraw/ versprechen ihr
Söhnlein Johannem/ schier von 2. Jahren/ mit
einem schon grossen vnd schmertzhafftem Stein
zu disem wunderthätigen Creutz nach Biber-
bach/ neben gethaner Wallfahrt/ auch ein H.
Meß alldorten vor denselben lesen zu lassen/ vnd
sihe die wundersame Hand deß Allerhöchsten!
Gleich in noch währender Viertel-Stund nach
so beschehenem Verloben/ springt der schmertz-
liche Stein mit grossem Gewalt vnd Außwerf-
fung vilen Bluts von dem Leibs-Röhrlein dises
elenden Kinds/ welches so bald auch frischer in
Gebärden worden/ vnd wundersamer Weis die
völ-

völlige Gesundheit erlanget. Welches Beneficium aidlich examinirt vnd bekräfftiget worden in Beyseyn der Zeugen/ als der Ehrwürdigen vnd Geistlichen Herren M. Johann Jacob Sarre, Pfarrers zu Langenreichen/ Caroli Kargs Pfarrers zu Osterbuch/ deß Wohl-Edlen Herrn Erasmi Alxanders von Röderen/ Leonhardi Löslers/ Burgers zu Wertingen/ ꝛc. Den 16. Octobris, Anno 1682.

Wunderbarliche Eröffnung einer stummen Zungen.

Franciscus Bunck/ Bier-Preu zu gedachtem Wertingen/ vnd Anna dessen Haußfraw/ hatten ein Töchterlein Maria mit Namen von der Geburt an biß allbereit in das fünfte Jahr ihres Alters völlig erstummet/ so/ daß sie auch kein Menschlich verständiges Wort mit der Zungen kunte vorbringen; Nach gethanem Gelübd einer Wallfahrt/ vnd H. Meß zu disem hochwerthen Creutz/ fangte an innerhalb 8. Tag dises stumme Töchterlein vollkommentlich/ vnd gleich andern Kindern in solchem Alter/ mit viler höchster Verwunderung verständig-lich zu reden. Cum Juramento verhöret den 16. Octobris, Anno 1682. Testes qui suprà.

Wun-

Wundersame erzeigte Hülf in Gehörlosigkeit.

Joseph Höller von Afaltern/ ein Knab von 6. Jahren hatte von etlich Monat hero sein Gehör mercklich verlohren/ vnd sonderlich die zwey letstere Wochen vast das geringste auch mit grossem gemachten Geschrey nicht mehr verstanden: Die Eltern in so betrübten Sachen suchen ihren Trost bey disem H. Creutz/ versprechen zu solchem mit Gebett vnd wächsenen Bildnuß disen ihren gehörlosen Sohn/ nach welchen sich sobalden widerumb die Sach zur Besserung angelassen/ vnd er Höller inner 8. Tag mehrmahlen zu völligem Gebrauch deß Gehörs kommen; Welches wahr zu seyn jurato vnd in Beyseyn der vorig: angezogenen Zeugen betheuret Georg Höller dises Knaben Vatter/ den 16. Tag Octob. 1682.

Wunderthätige Genesung einer durch geraichten Trunck verzauberten Persohn.

Catharina Krommerin/ noch ledig Stands von Waltershofen/ ein Orth in Westendorffer-Pfarz gelegen/ in dem 18. Jahr ihres Alters/ ware bey angehender Ernd-Zeit dises 1682-sten Jahrs durch einen geraichten Trunck dermassen fascinirt vnd verzaubert/ daß sie nicht allein von selbigem Tag an gantz im Haupt verruckt/

ruckt worden/ sondern auch täglich vnd zu Zeiten auch öffters durch 14. Tag lang als ein Stock mit mäniglicher Entsetzung zur Erden gefallen; In solchen betrübten vnd schier allbereit verzweiffleten Sachen wird dise elende Persohn von ihrem Vatter Michael Krommer/ Wirth zu ermeltem Waltershofen/ allhero zu dem H. Creutz geführt/ vnd ein H. Meß vor der Gnadenreichen Bildnuß deß gecreutzigten Heylands gelesen; Ein Wunder-Sach! bald darauf lasset sich alles zur beständigen Besserung an/ vnd die falcinirte Persohn gelanget in kurtzem zur völligen Gesundheit/ also zwar/ daß sie das geringste Anmercken weder deß entsetzlichen fallens/ weder der beschehenen Verzauberung biß auf den heutigen Tag mehr wahrnehme. Welches ansehliche Beneficium zugleich attestiret der Wohl-Ehrwürdig vnd Hochgelehrte Herr Laurentius Lederer/ SS. Theol. & SS. Can. Licent. wie auch Dechant vnd Pfarrer zu Wöstendorff; Item jurato Michael Krommer/ vnd Sebastian Messerschmid von Waltershofen/ den 18. Octobris, 1682.

Von schwerer Angina vnd Halswehe wundersame Genesung.

Moyses/ jener Sig-volle Regent/ nachdem er mit gesampten Volck auf die 600000. streitbare Männer/ ohne Weib vnd Kind gerechnet/ allbereit biß an die Gräntzen deß rothen Meers

Meers gelanget/ vnd von dannen ihme vnmöglich ware das so grosse Geschwader in Abgang der Schiffen durch die grausame Wasser=Fluthen fortzubringen/ hat endlich auf erhaltenen Befelch deß Allerhöchsten seine Hand außgestrecket/ vnd mit seiner Wunder=Ruthen in das Meer geschlagen/ auf welches sich alsobalden mit vnerhörtem Wunder solches zertheilet/ das Wasser beederseits als Mauren gestanden/ vnd die gesampte Armee glücklich mit truckenem Fuß durchgezogen: Et ingressi sunt filii Israël per medium sicci maris. *Exod.* 14. v. 22.

Laß mir das ein wunderbahrliche Ruthen seyn! so das Meer zertheilen/ vnd alles Volck mit sicherm Fuß kan darüber führen! Woherō hat dise Ruthen so vnerhörte Würckung erhalten?

Der H. Damascenus Lib. 4. Fidei Orthod. c. 13. betheuret diser Vrsachen geschehen zu seyn/ weilen der Prophet Moyses mit solcher Ruthen **Creutz=weis** in das Meer geschlagen/ vnd also dise ein Figur deß H. Creutzes selbsten gewesen seye/ mit welchem vnser mildreichister Heyland vns durch das rothe Meer seines bittersten Leidens glückseligist in das gelobte Land der Versprechung geführet.

O derowegen gnadenreiche vnd glückseligste Ruthen deß H. Creutzes/ ohn welche alles tod in gantzer Welt zu schätzen: In uno signo Crucis, sagt der H. Ambrosius Serm. 43. omnium rerum est tuta prosperitas. In dem einigen Zeichen deß H. Creutzes ist aller Sachen glücklich- vnd sicherer Außgang/ welches nachfolgende Persohnen mit erhaltenen Wolthaten genugsam erweisen.

Anna Meitingerin/ von 18. Jahren/ noch ledig Stands von Eisenbretzofen/ hatte grosse Beschwernuß von Angina vnd Halswehe/ so/ daß Hals vnd Haupt nicht allein entsetzlich auffgeschwollen/ sondern auch solche Persohn fast kein Speiß mehr geniessen vnd schlucken kunte. In solcher schwerer Angelegenheit weißt sie kein besser- vnd sicherers Mittel zu suchen als bey dem H. Creutz/ verspricht sich zu demselben mit Gebett vnd H. Meß/ nach welchem augenscheinlich die Geschwulst anfangen zu weichen/ vnd die Persohn in wenig Stunden ohne andere Mittel gesund zu werden. Cum juramento also verhört in Gegenwart vnderschribener Zeugen/ den 18. Tag Maii 1682.

Gleicher Gestalten zeigen jurato an in Beyseyn erst-erwehnter Zeugen/ Thomas Monschein Gastgeb zu Biberbach/ vnd Ursula/ dessen Haußfraw/ wie daß ihr Söhnlein Lorentz im vierdten Jahr ein schon dergleichen gefährliche Anginam vnd Halswehe bekommen/ also/ daß der Hals vor vngewohnlicher Geschwulst allerdings gleich dem Kopf selbiten worden/ vnd der Knab kaum mehr was geniessen noch schlutken können: In solchem versprechen besagte Eltern dises ihr Söhnlein zu dem H. Creutz/ so bald darauf leget sich wundersam der Schmertzen/ vnd die Geschwulst vergeht in einer Nacht. Den 18. Maii 1682.

Wundersame Genesung vnd Einrichtung eines auf beyden Füssen erkrämpten Manns.

Genugsam bekant ist auß H. Schrifft/ 1. Reg. c. 16. v. 23. wie hässtig vor Zeiten der König Saul von dem bösem Geist geplaget wurde; Die Hof-Bediente nach eiferiger Verathschlagung/ wie doch disem Unheil vorzubiegen/ erfunden endlichen kein bessers Mittel/ als nach dem wohl-erfahrnen Harpffen-schlager David zu sänden/ welcher durch den annehmlichen Klang nicht so den geplagten König erquicken/ als auch den vngehewren Höllen-Gast vertreiben solte/ vnd sihe! kaum ware David bey Hof angelanget/ vnd vor dem Angesicht deß Sauls einest angefangen lustig mit der Harpffen zu spilen/ also balden hat der böse Geist dises sein Orth verlassen/ vnd gantz erschrocken sich in die Flucht begeben müssen: David tollebat Citharam, & percutiebat manu sua, &c. David nahm sein Harpffen/ vnd schluge darauf mit seiner Hand/ alsdann ware Saul erquicket/ vnd thät etwas bessers/ dann der böse Geist wiche von ihm ab. Laß mir das ein wunder-

seltzames Geheimnuß seyn! Wohero hat dise
Harpffen so vnerhörte Würckung genommen/
den Gewalt der Höllen zu schwächen/ vnd den
Teufel auß dem Saul zu vertreiben? Achtet
doch derselbe nicht das Donnern der Feld-Stuck
vnd Blitzen der grausamesten Carthaunen/ ja
der entsetzliche Tumult gesampter Kriegs-
Heeren seynd nicht so mächtig/ ihme eine
Forcht einzujagen/ wie kompt es dann/ daß
der einige Klang der Harpffen Davids disen Fürsten der Finsternuß soll in die Flucht
treiben?

Underschibliche Lehrer seynd der glaubwürdigen Mainung/ daß dise Harpffen ein Sinn-
Bild eines eiferigen Gebetts zu GOtt gewe-
sen/ so allen Gewalt der Höllen könne zu nichten machen. Venerabilis Beda aber super Psal.
haltet gäntzlich darvor/ daß vnder diser wunderbarlichen Harpffen Davids nichts füglichers
angedeutet worden/ als das Gnaden-volle
Creutz vnsers einigen Seeligmachers/ vnd
dahero habe solche so wunderbarliche Würckung empfangen/ den betrübten König zu er-
quicken/ vnd von ihme den Gewalt deß bösen
Geists zu vertreiben. Wann dann so vil schon
vor Zeiten vermöcht allein die Figur vnd Schatten deß H. Creutzes/ wie vilmehr wird anjetzo dasselbe wider allen Anlauff deß höllischen
Geschwaders nit würcken können/ nachdeme es

mit

mit dem allerkostbarlichisten Blut Christi JE-
SU selbsten ist geheiliget worden?

Ein immerwährender Zeug solle dessen seyn
nachfolgende Manns=Persohn/ welche vermuthlich durch Anordnung der bösen Leuthen
vnd höllischen Teufels=Dienern in so schweres
Unheil deß Leibs gerathen/ nachdeme aber die
Harpffen deß H. Creutz ergriffen worden/ ist
alles Ubel wunderbarlich zu erwünschtem Außgang gelanget.

VAlentinus Heiß/ Söldner von Lauterbach/
ein Mann von 32. Jahren/ sagt jurato auß/
was gestalten er Anno 1682. den 15. Junij/ das
ist am Fest deß H. Viti vnversehens (doch vermuthlich durch Anrichtung der bösen Leuthen)
an beeden seiten Füssen elendiglich verkrämet
worden/ also zwar/ daß er nicht allein sich von
dannen mehr erheben kunte/ sondern auch
zweyer Krucken im gehen sich gebrauchen müß-
te/ mit welchen er gleichwol härtiglich in die 5.
Wochen lang in der Stuben können fortkom-
men: Nach solcher Zeit/ als ermelter Söldner
von disem Wunderthätigen Creutz zu Biberbach verständiget worden/ fasset er zu demselben
auch eine Hoffnung/ mit Gelobung/ wann durch
die heilwerthe Creutz-Verdiensten ihme mehrmahlen eine Bessetung der Schmertzen vnd er-
lähmten Glidern erfolgen solte/ er alsobalden
neben andächtigem Gebett vnd Opffer dorthin
eine Wallfahrt verrichten wolle. Sihe nun

G die

die wundersame Würckung deß H. Creutzes!
Gleich noch selbigen Tag dises seines Gelübds
fangt er an mehrmahlen von selbsten in seinen
Hof zu gehen / vnd erlanget vollkommentlich
ohne einige andere natürlich versuchte Mittel
inner wenig Tagen die verlohrne Gesundheit /
kombt darauf allhero mit aufrecht- vnd schon
völlig geraden Glidern / dem Allerhöchsten wegen erhaltener wunderbarlicher Genesung / neben Hinderlassung beeder Krucken schuldigsten
Danck erstattend. Gezeugen seynd dessen Herr
Johann Ulrich Spindler / Pfleger zu Biberbach / Herr Frantz Leix / Gerichts-Vogt zu
Gablingen / dann Marquard Früeß / deß Gerichts / Christoph Fischer / Baur von Langenreichen / den 30. Novembr. Anno
1683.

99.

Sedit subter unam
Iuniperum.
3. Reg. c. 19.

Ezabel/ jene Laster-volle Königin vnd
verruchtes Muster aller Gottlosigkeit/
als sie dem eiferigen Eliæ den Sententz
deß Todts vnschuldig angekündet/ hat diser fromme Prophet sich also darab entsetzet/ daß er alsobalden die Flucht genommen/ vnd in ein vnge-
hewre Wüsten/ sein Leben zu retten/ sich begeben;
Als nun diser Orthen er gantz betrübt hin vnd
wider gienge/ vnd vmb fügliche Wohnung vmb-

gesehen/ hat er endlich einen Wachholder erblicket/ vnder disen sich nidergesetzet/ vnd anfangen seine Ruhe zu nehmen/ in Erwegung dises armseeligen Stands trange Eliæ das Elend vnd Gefahr seines Lebens also zu Hertzen/ daß er nichts mehrers von Gott verlangte/ als vnder ermeltem Baum zu sterben: Sufficit mihi Domine: tolle animam meam, neque enim melior sum quàm Patres mei. **Es ist mir genug/ O HErr/ nimme mein Seel/ dann ich bin nit besser als meine Vätter.**

Holla Elia! Dißmahl redest entgegen deinen selbst eignen Wercken? Wann dem also/ daß se eiferig zu sterben verlangest/ warumb fliehest du dann vor dem Angesicht der Gottlosen Jezabel/ so nichts anders suchet als den Tod dir anzuthun? O! sagt der geistreiche Rupertus Abbas *Lib. 5. in Reg. c. 20.* verwundere dich nicht/ daß Elias also starckmütig vnder disem Baum begehrt zu sterben/ da er doch vormahlen so hässtig den Tod geforchten/ seitemahlen solcher Wachholder-Baum ein Figur vnd Vorbedeutung gewesen deß H. Creutzes: Elias confugit ad vivificum Crucis lignum, illic ambit mortem, illic festinat commori Chtisto. Elias ist geflohen als zu dem Heyl-würckenden Holtz deß H. Creutzes/ alldorten verlangt er den Tod/ vnd zugleich mit Christo zu sterben. Mit disem frommen Propheten sagt Gul. Pep. Serm. de Imit. S. S. fol. 215. sollen auch wir fliehen zu dem

wah-

wahren Wachholder-Baum deß H. Creutzes:
Ita & mens humana adversitatibus oppressa debet ad lignum Vitæ S. Crucis refugere, & ibi requiescere contemplando, quæ & quanta passus sit DEI Filius pro nobis. Also solle auch das Menschliche Gemüth/ sonderbahr wann es mit Widerwärtigkeiten vndertrucket zu disem Baum deß Lebens deß H. Creutzes die Zuflucht nemmen/ vnd suchen alldorten die Ruhe/ in Betrachtung/ was vnd wie vil der ewige Sohn GOttes für vns an disem erlitten. Under disem Gnadenreichen Wachholder-Baum deß H. Creutzes hat sich in höchster Gefahr seines Lebens auch begeben/ vnd seine Zuflucht gefunden nachgesetzter Beneficirter.

Von erschröcklichem Fall eines von der Höhe deß Tachs gestürtzten vnd doch wunderbarlich erhaltenen Menschens.

Andreas Buechmüller/ Baur vnd Mayr zu Biberbach/ dermahlen noch ledig Stands/ fallte auf den Ruggen/ theils von einer schweren Laiter herunder geschlagen/ von der Höhe deß Tachs deß new-aufgerichten Forsterischen Hauß allhier zu Biberbach/ biß auf die harte Erden. In disen grossen vnd vnbeschreiblichen Wehetagen/ da mäniglich nicht anderst vermainte/ als die meiste Rippen seyen entzwey geschlagen/ vnd er Buechmüller nichts anderst/ als den gewissen Tod

Tod zu befahren habe / verlobt ihne deſſen Mutter Emerentiana / vnd er auch ſelbſten allhero zu dem H. Creutz mit einer Wachs-Kertzen vnd andächtigen Gebett / nach welchem ſich alles angefangen zur wunderſamen Beſſerung zu richten; Und obwohlen in ſo verzweiffleten Sachen neben den geiſtlichen auch natürliche Mittel angewendet worden / iſt dannoch ſo wunderſame Würckung vilmehr dem gecreutzigten Heyland beyzumeſſen / maſſen natürlicher Weis ſonſt ohnmöglich geweſen wäre / daß ein ſo hart gefallene vnd im Leib zerquetſche Perſohn in wenig Zeit vnd Tägen widerumb ſeiner Arbeit nachkommen / vnd zu voriger Geſundheit mit aller Verwunderung gelangen ſolte. Welches mit aufgetragnem Eyd alſo examinirt den 13. Novembris, Anno 1681. Teſtes ſunt infra ſcripti.

Von einem gefährlichen Fall eines Manns vnder ein ſchweres Reit-Pferd / ſo durch Anruffung deß H. Creutzes wunderbarlich von dem Tod erhalten worden.

FRantz Bömb von Marckt / ein Mann von 54. Jahr ware befelcht / ein groſſes tummelhafftes Reit-Pferd Hoch-Gräfl. Gn. Herrſchafft nach München zu überbringen; Als nun derſelbe biß nach Degerbach in Bayren kommen / fangte an das tummelhaffte Pferd entſetzlich zu to-

toben / vnd mit ihme in die Höhe zu stehen / als-
bann mit ihme Bömb gar hinderſich auf den
Ruggen zu fallen / vnd am gantzen Leib / ſonder-
bahr aber mit dem harten Sattel-Knopff an ſei-
nem Hertzen zu trucken / biß endlich der gute
Mann in ſo höchſter Lebens-Gefahr gar kein
Anzeigen mehr deß Lebens geben / vnd mäniglich
an deſſen Heyl angefangen zu verzweifflen: In
diſem betrübtiſten Zuſtand / da Wein vnd Waſ-
ſer von den Umbſtehenden über ihne abgegoſſen
wurde / vmb zu erfahren / ob noch ein Lebens-
Geiſt in ihme wohne / kombt demſelben zu Gemüth diß H. vralte Creutz zu Biberbach / verlobt ſich allhero mit dem Hertz vnd Gedancken /
weilen er mündtlich ſolches nicht vermöchte / mit
Gebett vnd einer Kertzen / bald darauf / nach ſo
beſchehenem Gelübd ſteht er mit höchſter Verwunderung der Anweſenden widerumb auf / ſetzt
ſich zu Pferd / vnd nimbt ferner ſeinen Weeg
nach München / GOtt vnd dem H. Creutz dan-
ckend mit frewdigen Zähern / durch deſſen Gnad
er noch heutiges Tags friſch vnd geſund ſich befindet; Zur ſchuldigſten Dancks-Neigung hat
er auch ein Täfelein beygeſetzt / vnd daran diſe
erhaltene Gutthat zur Gedächtnuß verzeichnen
laſſen. Alſo endlich in Beyſeyn der zu End
notirten Zeugen verhöret den 18. Tag
Maij / 1682.

G 4 Wun-

Wunderthätige Genesung etwelcher fascinirt- vnd beschryenen Kindern.

JN Göttlicher Schrifft / wie zu lesen Exod. 12. v. 3. befahle der Allmächtige GOtt allen vnd jeden Jsraelitern / daß sie vor Außzug auß Egypten / vnd sonsten auch jährlich ein Lämblein ohne Mackel schlachten / das Blut aufffahen / vnd mit solchem beede Thür-Pfosten / wie auch die Ober-Schwellen an den Häusern auf das fleissigist besprengen sollen / damit also der schlagende Engel vorüber gehen / vnd kein sondern Schaden zufügen solle: erit autem sanguis vobis in signum in ædibus. v. 13. **Das Blut aber wird euch seyn als ein Zeichen in den Häusern /** damit kein Unheil euch vnd denselben widerfahren solle / welches auch in Ansehung dises angesprengten Lamb-Bluts glücklich beschehen; Entgegen aber ist alle Erst-Geburt der Egyptier so wohl der Menschen als deß Vichs / wo dises Zeichen nicht gesehen ware / von dem bösen Engel in einer Nacht grausamlich erwürget worden: neque enim erat domus, in qua non jaceret mortuus, **dann es ware kein Hauß in welchem nicht ein Todter lage.** Hat also nach Zeugnuß der Göttlichen Schrifft dises mit dem Blut an die Thür-Schwellen gemachte Zeichen die Jsraeliter von dem Tod erhalten.

O

O wunderbarliches Zeichen! Wohero hat doch solches so grosse Krafft genommen/ von den Häusern der Hebreer alle Nachstellung vnd Gewalt der höllischen Geistern zu vertreiben?

Der H. Hieronymus *in Cap.* 66. *Isa.* Item der hocherleuchte Theologus Antonius Genuens. f. 608. geben die Ursach/ vermeldend: daß dises Zeichen gewesen seye ein Figur deß allerunschuldigsten Lämbleins JESU/ wie auch seines H. Creutzes/ inmassen die Hebreer beede Schwellen vnd Thür-Pfosten also Creutz-weis pflegten mit solchem Lambs-Blut zu besprengen: *de cujus sanguine factum est signum Crucis in utroque poste domûs filiorum Israel. Ant. Genuens. loc. cit.*

Wann dann der Allerhöchste in der Figur vnd blossen Schatten deß H. Creutzes denen Gottlosen allervndanckbaristen Juden so grosse Gnad erwisen/ vnd vor allem Anlauf deß schlagenden Engels behütet/ wie vilmehr werden diejenige/ so deß H. Creutzes nicht in Figur/ sonder im Werck selbsten geniessen/ von allem Anlauf der höllischen Geistern vnd ihren Anhang beschützet werden?

Crucis signum, sagt der H. Martyrer Ignatius *Epist. ad Philip.* Trophæum est contra mundi principis virtutem, quod videns expavescit, & audiens timet. Das Zeichen deß H. Creutzes ist ein Sig-Zeichen wider den Gewalt deß Fürsten der Welt/ in Ansehung dessen

er sich entsetzet/ vnd darvon hörend förch=
tet. Gezeugen seynd dessen/ was vor einen Nu=
tzen habe die ernstliche Anruffung deß H. Creu=
tzes wider den Gewalt deß höllischen Drackens
vnd allen seinen Anhang/ folgende von bösen
Leuthen beschryene vnd fascinirte Personen.

GÖrg Hillebrand/ ein Knab von 9. Jahren/
von Marckt/ ware ein geraume Zeit fasci=
niert/ vnd vermuthlich von bösen Leuthen ver=
zaubert/ also/ daß er offtermahlen zu Nachts
angefangen sehr seltzam zu ruffen/ vnd öfftern
als ein Topff mit dem Leib mit mäniglicher Ver=
wunderung vmbzulauffen/ in solchem Zustand
dises ihren fascinirten Sohns/ suchen die Eltern
Andreas Hillebrand vnd Agatha/ dessen Ehe=
würthin/ ihre einige Zuflucht bey disem heiligen
Creutz/ verloben denselben allhero mit Gebett
vnd wenigem Opffer/ nach welchem sich augen=
scheinlich dises Ubel geändert/ vnd den Knaben
wundersam ohn einiges Anmercken deß gehab=
ten Zustands geholffen worden. Welches al=
les gedachte Eltern in Beyseyn der vnderzo=
genen Zeugen juratò angesagt vnd bekräfftiget
haben den 18. Tag May/ Anno 1682.

MAria Magdalena Eggertin/ Ferberin zu
Wertingen/ referirt/ was gestalten ihr
Söhnlein Frantz Leopold noch ein vnmündiges
Kind durch vermuthlich die böse Leuth also be=
schryen vnd fasciniert worden/ daß solches am
gantz

gantzen Leib nicht anderst als ein elendes (also
zu reden) Crucifix-Bild abgenommen/ ja weder Geist- noch Weltliche Mittel/ daſſelbe in
vorigen Stand zu bringen/ erſprieſſen wollen:
Endlich vernimbt die Mutter von diſem Gna-
den-Creutz zu Biberbach/ verlobt allhero ihr
Söhnlein mit Opffer vnd einer heiligen Meß/
nach welchem ſich ſobalden mit ihme gebeſſert/
anfangen am Leiblein zuzunehmen/ ſchön zu
wachſen/ vnd friſch vnd munter/ gleich andern Kindern zu werden. Welches alles erwehnte Eggertin/ deß Kinds Mutter/ sub juramento allhier angeſagt/ vnd auch ſolches at-
teſtirt der Wohl-Ehrwürdig vnd Hochgelehrte Herr Johannes Schmid/ SS. Theol. Licent. vnd Pfarrer zu Wertingen/ ſambt Hanß
Georg Rott/ vnd Georg Neuß/ beede Bur-
ger zu Wertingen/ den 22. Tag Maji/ Anno
1682.

Margaretha Mayrin von Plienſpach/ zeigt
allhier jurato an/ welcher geſtalten ihr
Töchterlein Maria/ eines Jahrs alt/ alſo von
den böſen Leuthen falcinirt vnd beſchryen wor-
den/ daß ſolches am gantzen Leib nicht allein
abgenommen/ ſonder auch kaum Haut vnd
Bain mehr beyſammen hangten/ vnd alſo ein
elendes Spectacul anzuſehen ware/ nichts de-
ſto minder pflegte diſes Kind noch wohl zu eſ-
ſen/ mit viler höchſter Verwunderung/ wie
doch

doch immer möglich/ daß von solchem Essen dises Kind nicht mehr wachsen vnd zunehmen solte. In solcher Begebenheit suchen die Eltern ihren Trost bey disem H. Creutz/ versprechen allhero das beschryene Töchterlein mit Gebett vnd kleinen wächsenen Kind/ nach welchem sich wundersam alles zur Besserung angelassen/ das Kind angefangen mehrmahlen zu wachsen/ am Leib zuzunehmen/ vnd der völligen Gesundheit zu genesen. Welches Beneficium auch attestiret Adm. Rev. D. Ludovicus Hueber/ Pfarrer zu Plienspach/ Michael Sirch/ vnd andere von disem Orth/ den 27. Tag Junij/ Anno 1 6 8 2.

Vidit insomnis scalam.

Acob/ noch ein vnschuldiger Jüngling/ als er auf erhaltenen Befelch seines Vatters/ nach Mesopotanien gezogen/ vnd gleich die erste Nacht diser Raise kein Herberg angetroffen/ ware gezwungen auf freyem Feld die Ruhe zu suchen/ vnd den Schlaf auf hartem Boden vnd Stein zu thun/vnd sihe! mitten vnd bestens in solchem wird ihme vorgestellt ein Laiter/ so vngewohnlicher Grösse/ daß auch

auch solche vom Erd-Boden biß an den Himmel raichte/ vnd die Engel GOttes hin vnd wider auf derselben stigen: Vidit in somnis scalam stantem super terram & cacumen illius tangens cœlum, Angelos quoque DEI ascendentes & descendentes per eam.

Wohl ein seltzame vnd niemahls erhörte Laiter! Was hat der Allerhöchste durch dise Wunder-Laiter dem frommen Jacob/ vnd der gantzen Welt wollen zu erkennen geben?

Der H. Chrysostomus *Hom. de Vit.* wie auch der H. Zeno Veronensischer Bischoff vnd Martyrer über dise Stell vermelden/ daß der allgütige GOtt durch angezogne Laiter nichts anders der Welt vorstellen wollen/ als die wahre Laiter Jacob/ das ist das H. Creutz/ an welchen die sündige Menschen/ vermittelst der vnendlichen Verdiensten Christi JESU können auffsteigen biß in das himmlische Vatterland selbsten: *Scala proprio nomine Crux vocatur, quia per ipsam JESUS Christus iter ad cœlum omnibus se sequentibus patefecit. S. Zeno in hunc locum prope finem.* Die Laiter wird eigentlich das H. Creutz genant/ dieweilen durch dasselbe Christus JEsus den Weeg zu dem Himmel allen Ihme nachfolgenden eröffnet.

Auf dise himmlische Laiter deß Wunderthätigen Creutzes hat in langwirig- vnd schmertzhafftem Anligen auch sein Hoffnung gesetzet.

nach-

III.

nachfolgender Jüngling/ welchem die völlige Beschaffenheit disen H. Creutzes zu Biberbach/ ohnerachtet er zuvor niemahlen solche ersehen/ gantz augenscheinlich im Schlaff vorkommen/ mit Vertröstung/ es werde ihme keiner als diser Orthen geholffen werden/ welches also der Außgang selbst erkläret:

Von langwirig- vnd gefährlichem Grimmen deß Leibs wundersame Erledigung.

Joseph Banger/ ein Knab von 14. Jahren/ deß Ehrngeachten Georg Bangers/ Schuelhalters zu alten Münster/ nächst bey Veihelaw gelegen/ vnd Annæ Mariæ/ dessen Haußfrawen ehelicher Sohn/ hate ein gantzes Jahr lang vast wochentlich entsetzliche vnd vast vnerhörte Grimmen deß Leibs/ also zwar/ daß diser Knab wegen Grösse der Schmertzen öfftern in die Höhe getriben/ von zweyen starcken Männer kaum mehr kunte gehalten werden: In solchem betrübten Weesen/ da seines Aufkommen wenig Hoffnung gemacht wurde/ kame demselben im Schlaff gantz augenscheinlich vor dise Wunderthätige Creutz-Bildnuß zu Biberbach/ so er vormahlen doch nie gesehen/ er solle bey disem Trost-vollen Creutz vnd thewren Verdiensten Christi JEsu sein Hoffnung suchen/ vnd es werde ihm sicherlich geholffen werden/ welches auch alsobalden vnd inner wenig Tagen

wunderbärlich/ GOtt Lob/ von der Fasten biß
auf heutigen Tag an geschehen/ kombt allhero
mit seiner Mutter/ vnd erstattet schuldigisten
Danck dem H. Creutz.   Welches Beneficium
neben vorgedachten Eltern dises Knabens zugleich attestirt der Wohl-Ehwürdig vnd Wohlgelehrte Herr Georgius Hechelschmid/ Pfarrer
vnd Cammerer zu Altenmünster/ den 27. Tag
Maij/ 1682.

JSt vast eben dergestalt starcken Leibs-
Grimmen war ein Zeit lang behafftet
Christoph Strobel/ Schneider zu Marckt/ in
deme kein Menschliches Mittel erspriessen wol-
len/ hat er sich zu geistlichen vnd sonders zu disem heylwerthen Creutz begeben/ mit tröstlicher
Zuversicht/ es werde ihme diser Orthen gleich
andern geholffen werden/ welches auch wundersam von selbiger Zeit an geschehen/ so/ daß er
kein einiges Anmercken deß erlittenen Zustands
mehr pflege wahrzunehmen.   Cum juramento
also examiniert den 18. Tag Maij/ 1682. Testes sunt in fine scripti.

In verzweiffleten Geburten wun-
derbahrlich erzeigte Hülf von dem
H. Creutz.

JSt was grösser Sanfftmuth der vnschul-
digste JEsus den schweren Last deß Creutzes auf den Berg Calvariæ getragen/ bezeugt
ne-

neben andern auch der Seelige Laurentius Justinianus *de Triumph. Chr. c. 16.* Nachdeme sagt er/ ein grosser Zulauf/ dises klägliche Spectacul zu sehen/ aller Orthen zu Jerusalem geschahe/ sihe! da kame hervor durch die Porten der ewige Sohn Gottes/ tragend auf seinen Schultern den Last deß Creutzes; Es gienge daher dises unschuldigste Lämblein mit undergeschlagenen Augen/ mit zitterendem Hertzen/ mit ängstigen Gebärden/ durch die gantze Nacht war er verspottet/ schmählich verspeyet/ mit Fäusten geschlagen/ grausamlich gegeißlet/ entsetzlich mit Dörnern gecrönet/ und offtermahlen under dem schweren Holtz deß Creutzes schmertzlich zu Boden sinckend: Als nun die gottloseste Juden ersehen/ daß nunmehro dem allerschwachisten JEsu das Creutz fortzuschlaipffen ohnmöglich fallte/ bezwangen sie einen Mann/ ihme hierinnfalls zu helffen/ und möglichist an die Hand zu gehen: *Apprehenderunt Simonem quendam Cirenensem, & imposuerunt illi Crucem portare post JESUM. Luc. 23. v. 26.* Sie ergriffen **Simonem von Cirene/ und legten ihme auf das Creutz/ daß ers JEsu nachtruge.** Hat also nach laut der Schrifft der Heyland das Creutz vor: Simon aber nachgetragen.

O schmertzhafftigster JEsu! Was ist dises? Warumb behaltest auf deinen gantz verwundten Schultern noch den grössern und vordern Theil deß Creutzes/ und übergabest allein Simo-
ni

ni den kleinern vnd ringern dir nachzutragen?
Es will sich ja besser geziemen/ daß dise deinCreatur das Creutz alleinig/ oder doch mindest den grösten Theil desselben tragen solte? Henricus Paul. Sal. de Aventino Dom. in Alb. citierend den H. Ambrosium *in Cap. 23. S. Luc.* gibt die Ursach vnd sagt: Che in questo Cireneo sono significati gli Christiani, che sequitano Christo, & che portano seco la Croce, &c. daß vnder disem Simeon von Cirenen nichts anders verstanden werde als die Christen/ welche Christo nachfolgen/ vnd mit ihme tragen das Creutz; Und damit das wenige Creutz/ so auf diser Welt einem jeden von GOtt auferleget/ nicht zu schwer geduncken möge/ habe Christus der HErr selbsten den grössern Theil allbereit schon vortragen wollen/ vns dardurch ein Hertz zu machen/ mit dem kleinern vnd wenigern Theil gedultig nachzufolgen. Und dannoch/ sihe die vnermessene Gütigkeit deß gecreutzigten Erlösers! Obwohlen er zu Zeiten vns ein geringes Creutzlen pflegt aufzubürden/ nichts desto weniger ist er noch also gütig/ daß er nichts anders begehret/ als in solchem mehrmahlen hülfreiche Hand zu laisten/ wann nur wir vestes Vertrawen vnd Glauben setzen auf seine vnendliche Creutz-Verdiensten: Pacificans per sanguinem Crucis, sive quæ in terris, sive quæ in cœlis sunt, sagt der H. Paulus *ad Coloss.* 1. v. 20 **Welcher zu friden stellt durch das Blut seines Creutz/ so wohl**

was

was auf Erden/ als was im Himmel ist. Ein Zeug soll dessen seyn nachfolgende beneficirte Persohn/ welcher GOtt jenes schwere Hauß-Creutz auferleget/ von welchem Isaias meldet: *Cap. 21. v. 3.* Meine Lenden seynd angefüllt mit Schmertzen/ und die ängstigkeit hat mich besessen/ als wie die ängstigkeit einer gebährenden. Weilen sie aber mitten in disem Creutz zu dem Gnadenreichen Creutz Christi JESU geruffen/ hat sie auch wundersame Hülff von demselben in höchster Lebens-Gefahr erhalten. Der Verlauff ist/ wie folgt:

Fraw Maria Roschmännin/ Zoll-Verwalterin zu Maitingen/ lage biß an den vierdten Tag in verzweiffleten Kinds-Schmertzen/ also zwar/ daß alle Hoffnung ihres Lebens bey mäniglich verlohren gangen; Den dritten Tag diser so schmertzlichen Kinds-Gewinnung begunte allbereit die Frucht mit den Händlein und vordern Leiblein hervor zu gehen/ und derowegen auch *sub conditione* von der Hebammen getaufft zu werden/ aber gleichsam als hätte das Kind ein Grausen ab der Welt/ gienge dasselbe wider zuruck in den Mütterlichen Leib biß an den vierdten Tag/ in solchen elenden Sachen waißt gedachte Fraw kein andere Hoffnung/ als bey dem gecreutzigten Erlöser zu suchen; Derowegen verlobt sie sich mit einer H. Meß und 2. halbpfündigen Kertzen zu disem Trost-reichen Creutz/

ein Wunder-Sach! indeme nun das H. Meß-
Opffer verrichtet wurde/ gebahre sie zur Stund/
vnd gelanget durch sonderbahren Beystand
GOttes zu voriger Gesundheit. Welches al-
les ermelte Fraw sambt ihrem Ehemann Herrn
Hanß Georg Roschmann/ an AidsStatt ange-
sagt/ vnd zugleich attestiren A. R. & Clariss. D.
Laurentius Lederer/ SS. Theol. & SS. Can. Cand.
Decanus & Parochus in Wöstendorff / item A.
R. D. Joan. Christophor. Bayr, Parochus in Ehe-
kirch/ V Volffgangus Egg/ & alij. Den 21. Tag
Junij/ 1682.

Eßgleichen lage auch Apollonia Liechtlin-
gerin von Albertzofen in schmertzhafftigster Kinds-Gewinnung mit höchster Lebens-
Gefahr allbereit biß an zehenden Tag/ da nun
mäniglich ab ihrem vnd deß Kinds Heyl ver-
zweifflet/ richt sie endlich mehr Tod als gleichsam lebendig ihre Gedancken auf das hochheili-
ge Creutz/ vnd sihe! kaum hat sie/ nach allbereit
schon empfangenen HH. Sacramenten/ als zu
letzter Weeg-Zehrung / angefangen mit vestem
Glauben solches Gnadenreiche Creutz anzuruef-
fen/ gebührt sie sobalden glücklich/ das Kind gelanget zum H. Tauff/ vnd sie wunderbahrlich zu
voriger Gesundheit. Also aidlich neben dergestalt noch vilen Beneficien eingenommen den
18. Tag Maij/ Anno 1682.

* * *

Wun-

117.

Wundersamer Verlauff eines
gleichsam tod auf die Welt gebohrnen Kinds/ so durch Anrueffung deß H. Creutzes nicht so zu dem Leben/ als auch Gesundheit wunderbahrlich gebracht worden.

WOhl denckwürdig vnd nachsinnlich seynd jene Ceremonien/ welcher vor Zeiten sich Eliſæus in Erweckung eines verstorbnen Knabens gebrauchet: Diſes geliebte vnd einige Söhnlein der Sunamitin (wie zu leſen 4. Reg. c. 4.) war mit schmertzlichem Kopffwehe geplaget/ also zwar/ daß diſes arme Kind/ mit vnglaublichem Hertzen-Laid der Mutter/ in solchem Zustand gestorben. Der Prophet nach erfahrnen diſen Sachen begibt sich auf die Raiß/ vnd kombt in das Hauß diſes verstorbenen Söhnleins; Jetzt vernimme seine wundersame Ceremonien/ die Schrifft sagt also: Sihe/ da lag das Kind tod auf seinem Beth/ vnd er gieng hinein/ vnd beschloſſe die Thür über sich vnd das Kind/ vnd bettet zu dem HErrn/ vnd stig hinauf/ vnd legt sich auf das Kind/ vnd legt seinen Mund auf deß Kinds Mund/ vnd seine Augen auff seine Augen/ vnd die Händ auf seine Händ/ vnd braitet sich also über ihn/ da geimet der Knab sibenmahl/ vnd thäte seine Augen auf.

H 3 O

O wunderseltzame Ceremonien! Wann ich nicht wußte/ daß dieselbe voll der Geheimnussen wären/ so vermainte ich ein Uberfluß vnd Abentheur zu seyn; Was wird dann vnder solchem der Welt zu verstehen gegeben/ vnd was hat sonderbahr disen todten Knaben zu dem Leben gebracht? Der Hochgelehrte Paoletti *in Sanct. de Fest. S. Cruc.* eignet solche wunderbahrliche Würckung dem H. Creutz zu; O sagt er: Mercke dise sondere Weis deß Propheten: Posuit manus super manus ejus, &c. Er legte die Händ auf seine Händ/ Eliſæus hat also in Erweckung dises verstorbnen Kinds die Figur vnd Zeichen deß H. Creutzes gemacht/ dardurch anzuzeigen/ daß der Tod abweiche/ vnd das Leben widerbracht werde durch das H. Creutz: Ad Crucis contactum resurgunt mortui & DEI magnalia reseŕantur. *In Brev. Rom.* Durch Berührung deß Creutzes stehen wider auf die Todten/ vnd die Wunder-Werck GOttes werden dardurch eröffnet. Ein immerwährender Zeug soll dessen seyn nachfolgendes Söhnlein.

JOhannes Faigg von Hamlach/ in Aspacher-Pfarr gelegen/ betheuret/ was gestalten an dem Tag deß H. Nicolai deß verflossnen 1681.ste Jahrs mit schmertzhaffter Kinds-Gewünnung/ ihme zwar ein eheliches Söhnlein von seiner Haußfrawen gebohren/ doch aber kein Anzeigen deß Lebens ein vnd andere Stund an ihme ver-

verſpühret worden. Die gute Eltern ſorgend wegen deß H. Taufs / ſuchen ihr Hoffnung bey dem gecreutzigten Heyland in diſer ſeiner anmütigiſten Bildnuß zu Biberbach / weilen doch bey demſelben alles möglich / alſo wolle Er auch diſes arme Kind vermittelſt ſeines H. Creutzes vnd Gnadenreichen Verdienſten ſeines bitteriſten Leidens zu einem Anzeigen deß Lebens gelangen laſſen / ein Wunder-Sach! alſobald nach ſolchem fangte an das Kind ſich zu rühren / ein Kennzeichen deß Lebens zu geben / vnd mit Frewden zu dem H. Tauf getragen zu werden / vnd iſt durch die Gnaden GOttes auf den heutigen Tag noch friſch vnd geſund. Welches alles erwehnter Faigg / deß Kinds Vatter / in Abrichtung der verlobten Wallfahrt nicht allein allhier aidlich in Beyſeyn deß Wohl-Ehrwürdigen vnd Wohlgelehrten Herrn M. Johann Chriſtoph Bayrs / Pfarrers zu Ehekirch / vnd Hanſen Holtzhauſers deß Gerichts von Biberbach / vnd andern angeſagt / ſonder auch mit eigener Hand vnd Pettſchafft atteſtiret der Ehrwürdig vnd Wohlgelehrte Herr M. Sebaſtian Gindel / Pfarrer zu Aſpach / den 22. Tag Julij / Anno 1682.

Von gefährlichem Fall vnder einen Wagen eines drey-jährigen Knabens.

Joſeph Schretter / ein Knab von drey Jahren

ren/ Reinhard Schretters/ Schneiders zu Ubberbach vnd Christinæ seiner Haußfrawen ehelicher Sohn/ spilte auf der Gassen/ vnd fallte vnvermerckter vnder einen zwar nicht völlig beladenen/ doch sehr schweren Wagen/ über dessen Fußlein die harte Räder giengen/ vnd schmertzlich zertruckten; Auf beschehenes Gelübd mit einem wächsenen Fußlein vnd Gebett zu disem H. Creutz/ laufft den andern vnd dritten Tag der Knab mehrmahlen auf der Gassen frisch vnd gesund/ mit Verwunderung der empfangenen Göttlichen Gutthaten; Welches gedachte Eltern cum juramento, in Gegenwart vnderschribner Zeugen/ bekräfftiget/ den 13. Tag Novemb. Anno 1681.

Fernerer Fall vnder zwey Roß vnd Wagen.

Jacob Keller/ Jäger zu Marckt/ ein Mann von 35. Jahren/ fallte vnversehens vnder 2. lauffende vnd am Wagen gespannte Pferdt/ in solcher Gefahr seines Lebens wird in höchster Eil ihme nicht mehr/ als ein vnd ander Wort zu dem H. Creutz zu rueffen: O HErr JESU durch dein H. Creutz hilff mir! Ein Wunder; alsobald nach solchem schwingen sich über ihne die Pferdt/ er Keller kombt vnvermerckter ohne Verletzung von Pferdt vnd Wagen herauß/ waißt nicht/ wie ihme vor Frewden geschicht/ erhebt seine Händ/ vnd sagt demütigisten Danck we-

wegen empfangener Gutthat dem gecreutzigten Heyland; Zu Urkund dessen er auch ein Täfelein verfertigen/ vnd bey dem Gnaden-Bild deß H. Creutzes anhefften lassen. Examinirt cum juramento den 18. Tag Maij/ 1682. Testes sunt subscripti.

Wundersame erzeigte Hülf einem vnmündigen Kind/ so durch Anrueffung deß H. Creutzes von augenscheinlicher Tods-Gefahr errettet worden.

Johannes Höfler/ von Bercken/ vnd Ursula dessen Haußfraw erzeugten in ihrem Ehestand ein Söhnlein/ Philipp mit Namen/ welches in der 19. Wochen seines Alters einen kupffernen Pfenning/ in Grösse eines Straßburgischen halben Batzens/ vnversehens/ nicht ohne höchste Lebens-Gefahr geschlucket; In solchem elenden Wesen/ da das arme Kind zu erschwartzen/ vnd keinen Athem mehr zu erholen angefangen/ ja schon von mäniglich für verlohren gehalten zu werden/ kombt endlich dessen Mutter zu Gemüth das H. Creutz zu Biberbach/ verspricht dasselbe allhero mit einer H. Meß vnd Wallfahrt/ mit nächster Gelegenheit abzurichten/ ein Wunder! Gleich nach so beschehenem Verloben wird der verschluckte Kupffer-Pfenning mit drey vngewohnlichen Hertzens-Stößsen mehrmahlen von dem halb-todten Kind durch den Mund herauß gestossen/ vnd erhaltet also vermittelst deß H. Creutzes vollkommene Genesung.

O wie wahr ist es dann/ was da gelesen wird *Deut.* 28. Erit Vita tua quasi pendens ante te; **Dein Leben wird gleichsam hangend vor dir seyn.** Was soll das für ein anders hangendes Leben seyn/ als eben der jenige/ welcher für vns alle freywillig sein Leben an dem süssen Holtz deß Creutzes hat dargegeben? So auch von sich selbsten sagt: Ego sum Via, Veritas & Vita. *Ioan.* 14. **Ich bin der Weeg/ Wahrheit vnd Leben.** Zu Grund wäre sonder Zweifels gangen/ vnd deß Tods eigen worden diß armseelige Kindlein/wann solchem nicht durch inbrünstige Anrueffung der Eltern widerumb das Leben von dem am Creutz hangenden Leben wäre geschenckt worden. Welche erhaltene Gutthat bemelte Mutter neben Jacob Kleber/ Hirten von Bercken/ in Gegenwart der Zeugen/ als der Erbaren Hansen Holtzhausers/ vnd Jacob Heel/ beede deß Gerichts zu Biberbach auch juratò betheuret/ den 25. Novembris, Anno 1682.

123.

Ecce arbor in
Medio terræ.
Dan: 4.

Jn Jrꝛ-Garten der Göttlichen Geheimnuſſen iſt vor Zeiten geweſen jener wunder-groſſe Baum/ welchen im Geſicht erſehen Nabuchodonoſor/ König in Babylonien: Die Göttliche Schrifft *Dan.* 4. v. 7. bezeugt davon alſo: Sihe/ ein Baum ſtund mitten im Land/ der war über die maſſen hoch/ es war ein groſſer vnd ſtarcker Baum/ vnd ſein Höhe raichete biß an Himmel/

mel/ vnd man sahe ihn biß zu Gräntzen deß gantzen Erd-Bodens/ seine Blätter waren sehr schön/ vnd er trug überauß vil Frücht/ vnd jederman hatte sein Speise davon/ es wohneten vnder ihm die zahme vnd wilde Thier/ vnd die Vögel deß Himmels hielten sich auf seinen Zweigen auf / vnd alles Fleisch ernehrete sich von ihm. Umb GOttes willen laß mir das einen raren vnd Wundervollen Baum seyn! Was soll wohl von dem allwissenden GOtt vor ein sonders Geheimnuß durch solchen niemahls erhörten Baum vorgebildet werden/ daß auch so gar alles Geschöpff/ Vögel vnd Thier der Erden von demselben ihre Nahr- vnd Wohnung suchen solten.

Daniel der Prophet in ermelter Stell legt disen Baum auß auf die Macht vnd Persohn deß allergewaltigsten Königs Nabuchodonosors. Andere ins gemein verstehen durch disen Baum ein grosses vnd mächtiges Reich/ als in welchem ein Uberfluß aller nothdürfftigen Sachen verhanden; Andere machen darüber auch andere Gedancken. Mir gefallt vor andern die Mainung deß Hocherleuchten Antonij de Rampel. *in fig. Bib. f.* 564. welcher tieff-sinnig darunder verstehet den Baum deß H. Creutzes. Mercke/ sagt er/ der Berg Calvariæ/ auf welchem diser Baum deß Lebens gepflantzet/ ligt mitten auf Erden/ zu Wahrzeichen dessen auch die Sonnen zur Zeit deß Mittags directè ihre

Strah-

Strahlen dorthin pflegt zu senden / so / daß selbiger Zeit vnd Gegend auch kein Schatten der Leiber wird in obacht genommen; Zu deme bezeuge solches der Königliche Prophet *Psal.* 73. DEUS noster operatus est salutem in medio terræ; Vnser GOtt hat das Heyl mitten auf Erden gewürcket. Die Höhe dises Creutz-Baum belangend / raiche freylich derselbe biß an den Himmel / weilen doch dorthin kein anderer vnd sicherer Weeg als der Creutz-Weeg zu finden; Uber das / so werde diser Gnaden-Baum auch aller Orthen / ja biß an die Gräntzen der Welt ersehen / bey welchen billich alle vernünfftige Creaturen / ja auch die wilde Thier selbsten / das ist / die arme verlaßneste Sünder ihren Trost vnd Zuflucht suchen / vnd solchen mit sondern Frewden ihres Hertzens erhalten: Crux Christi arbor magna, lata & frondosa, & fructus satietatis & suavitatis tribuens, & fideles omnes protegit, &c. *loc. cit.* Das Creutz Christi ist diser grosse / weite / vnd ästige Baum / so gibt die Frucht der Ersättigung vnd Süssigkeit / vnd zugleich alle Glaubige vor Vnheil beschützet. Gezeugen sollen dessen seyn nachfolgende Personen.

Von gefährlichem Fall von einem Baum.

Jacob Liechtlinger von Albertzofen / ein Knab von

von 13. Jahren/ fallte vnversehens mit einem schweren Fall auf das Haupt von einem Baum herunder/ von welchem der Knab neben Verrenckung Hals vnd Kopffs nicht allein grosse Wehetagen erlitten/ sonder auch per 14. Tag gantz verruckt vnd rasend worden. Nach verflossener solcher Zeit kombt endlich dessen Vatter Martin Liechtlinger zu Gemüth das H. Creutz zu Biberbach/ verspricht allhero seinen Sohn mit Gebett vnd wächsenen Bildnuß/ nach welchem sich alsobald zur völligen Besserung angelassen/ kombt allhero ohn angewendte andere Mittel frisch vnd gesund/ vnd erstattet schuldigisten Danck dem H. Creutz. Juratò also verhört den 19. Tag Maij Anno 1682. Zeugen seynd Martin Liechtlinger/ deß Knaben Vatter/ Adam Lauther/ Matheis Zehender von Biberbach/ ꝛc.

Martinus Rüß/ Gerichts-Bittel zu Marckt/ ein Mann von 60. vnd mehr Jahren/ stige in seinem Garten auf einen Baum/ vnd stürtzte vnvermerckter mit gefährlichem Fall auf den Kopff biß zur Erden/ so/ daß er von dannen nicht mehr auffstehen/ sonder in seine Behausung hat müssen getragen werden. Nach beschehener Verlobung einer H. Meß zu disem Wunderthätigen Creutz/ verliehrt sich der Schmertzen/ vnd er Rüß kombt in ein vnd anderm Tag zu voriger Gesundheit. Zur Dancksagung empfangener Gutthat hat er auch ein

Je-

Täfelein machen/ vnd an der Maur-Wand deß H. Creutzes anhefften lassen. Cum juramento examinirt/ in Beyseyn vnderschribner Zeugen/ den 13. Tag Novemb. Anno 1681.

Von schwerem Fall in einen Keller.

MAttheis Elzewagner/ Roß-Hirt zu Biberbach/ fallte mit gefährlichem Fall in Keller/ von welchem er keinen Tritt mehr kommen/ sonder auf Händ vnd Füß kriechen/ vnd in das Beth müssen geschlaipfft werden/ in solchen betrübten Sachen sucht er Zuflucht bey dem H. Creutz/ verspricht dorthin ein Kertzen/ vnd vorderst sich selbsten mit andächtigem Gebett aufzuopffern; Nach welchem Gelübd sich wundersamer Weis der Schmertzen von selbsten gelegt/ also/ daß er noch selbigen Abend frisch vnd gesund zur Arbeit aufgestanden. Der Wahrheit zur Stewr hat er neben abgelegtem Jurament auch ein Täfelein diß vorbildend hinderlassen/ den 13. Tag Novemb. Anno 1681. Testes sunt inferius scripti.

Von 4. jährigem wütendem Zahn-Schmertzen/ vnd erhaltener wundersamer vnd augenblicklicher Hülf.

EMeranus Lehner/ ein Weber-Gesell von Herrenrain auß Bayren/ dermahlen in Dien-

Diensten zu Biberbach/ betheuret aidlich in Gegenwart vnderschribner Zeugen/ wie daß er 4. gantzer Jahrs-Lauf vast continuirlich die wütende vnd gleichsam vnsinnige Zahn-Schmertzen gehabt/ vil Menschliche Rath vnd Mittel versuchet/ aber alles ohn Frucht abgelauffen/ biß er endlich von disem H. Creutz vernommen/ sich zu solchem mit Gebett vnd wächsenen Zahn versprochen/ nach welchem von Stund an sich der Schmertzen gelegt/ vnd biß auf den heutigen Tag vollkommentlich vergangen. Den 18. Maij/ 1682.

Von tod-gefährlicher Kranckheit wunderbahrliche Erledigung.

Als nunmehro der alte Jacob/ wie zu lesen/ Gen. 41. dises zeitliche verlassen/ vnd zu guter Letze den Segen Ephraim vnd Manasse ertheilen wolte/ hat er seine rechte Hand auf den kleinern/ so sonst zur lincken ware/ auf den grössern aber die lincke gelegt/ vnd also mit den Händen ein Creutz formierend ihnen seinen Vätterlichen Segen ertheilt/ wohl erkennend/ daß doch kein anderer vnd mehr glückseeliger Segen als deß H. Creutzes zu hoffen/ durch welchen die verlohrne Welt mehrmahlen zu recht gebracht/ vnd mit GOtt solte versöhnet werden: Quisquis, sagt der H. Petrus Dam. *Serm. de Invent. S. Cruc.* Desiderat ab omni vinculo maledictionis absolvi, & plenam novæ gratiæ

tiæ benedictionem consequi, Crucem diligat, ex qua omnis plenitudo benedictionis emanat.

Wer verlanget von allem Band der Maledeyung ledig gesprochen zu werden / und völligen Seegen newer Gnad zu erhalten / der liebe das Creutz / durch welches die Vollkommenheit alles Seegens entsprossen. Welchen Gnaden-Seegen allerdings schon in Tods-Aengsten ligend auch wunderbarlich genossen.

CAtharina Wemmerin / von Werffe auß Saltzburger-Land / nun aber in Diensten zu Hochenreichen / lage am hitzigen Fieber kranck auf den Tod / also zwar / daß man deroselben nach empfangenen HH. Sacramenten allbereit das geweichte Liecht in die Hand gegeben / und niemand mehr ihres Lebens einige Hoffnung gemacht; In solchen Aengsten kombt ihr zu Gemüth das H. Creutz zu Biberbach / verspricht sich im Hertzen / wann der Allerhöchste noch solte ein Mittel machen / allhero mit Gebett / und einer Wallfahrt abzurichten / nach welchem sich von Stund an die Gefahr der Kranckheit verschlagen / steht bald nach solchem auch auf frisch und gesund / kombt allhero / und sagt schuldigisten Danck mit hinderlassenem Täfelein dem gecreutzigten Heyland.

CAspar Miller / Weber zu Biberbach / fallte unversehens in schwere und hitzige Kranckheit / verlobt sich in solcher mit einer H. Meß

Meß vnd wächsenen Manns-Bildnuß zu dem H. Creutz/ nach welchem sich sobalden die Kranckheit zur Besserung gelassen/ vnd er Miller ohn andere angewendte Mittel zur vorigen Gesundheit gelanget. Beede dise letztere Beneficia seynd aidlich neben vilen andern dergleichen Kranckheiten angesagt/ vnd in Gegenwart der vnderzogenen Zeugen verhört worden/ den 18. Maij/ Anno 1682.

Von schadhafften Arm vnd Händen wundersame Curierung.

MAria Dembhartin/ Wirthin zu Marckt/ hatte ein Zeit lang grosse Wehetagen an einem Arm/ so/ daß sie acht Tag nichts anders als ach vnd wehe gerueffen/ nach vmbsonst angewendten natürlichen Mitteln begibt sie sich zu dem H. Creutz/ mit Verlobung einer H. Meß vnd Aufopfferung 2. weisser Vierlings-Kertzen/ nach welchem sich der Wehetag gelegt/ vnd sie Wirthin zu voriger Genesung gelangt. Den 18. Maij/ Anno 1682.

DEßgleichen auch Elisabetha Lautherin von Viberbach kunte geraume Zeit ihre Arm wegen vnleidenlichen Schmertzen nicht mehr aufheben/ vnd zur Arbeit gebrauchen/ nach gethanem Gelübd zu disem H. Creutz mit Gebett/ vnd von Wachs gemachten Arm/ hat von Stund an der Wehetag abgenommen/ vnd völlig nachgelassen.

Item

Item Anna Millerin von erst besagtem Vberbach kunte vor Wehetagen ihren rechten Arm vnd Hand nicht mehr außstrecken/ nach beschehenem Versprechen zu disem Wunderthätigen Creutz/ ist augenblicklich aller Schmertzen vergangen/ vnd ihr wundersam geholffen worden. Aidlich also/ sambt andern dergestalt Beneficien verhört in Beyseyn vnderschribener Zeugen/ den 13. Novemb. Anno 1681.

Eines gantz verkrämpten Jünglings wunderbarliche Genesung.

Jacob/ jenem frommen Patriarchen/ als er beeden seinen Söhnen Simeon vnd Levi wegen der angerichten blutigen Niderlag zu Sichem einen Vätterlichen Verweiß gegeben/ erschine darauf der Allerhöchste mit ernsthafftem Befelch/ sich von dannen aufzumachen/ nacher Bethel zu raisen/ vnd ihme allein diser Orthen einen Altar zu bawen; Jacob/ solchem möglichst zu gehorsamen/ rüefft zusammen sein Hauß-Gesind/ begehrt von allen die Götzen=Bilder/ welche er alsobalden sambt denen kostbarlichen Ohr-Gehäng vnder einem Terebinthen-Baum vergraben: Infodit eas subter Terebinthum. Gen. 35. v. 4.

Es verwundern sich allhier nicht vnbillich die Erfahrne der Schrifft: Warumb doch diser Patriarch die Götzen/ so von Gold vnd Silber waren/ vnder einen Terebinten-Baum vergraben?

ben? Warumb hat er nicht vilmehr dieselbe zu schmeltzen/oder also gemüntzet mehrmahlen vnder seine Söhn außtheilen/ oder mindest vnder die Händ der Armen kommen lassen?

Der gelehrte Typotius in Isagog. gibt die Ursach/ also sprechend: Terebinthus ea arbor est, sub qua infodit Patriarcha Jacobus signa, Crux, inquam, quæ unius DEI cultu Idolomaniam obruit salo & solo, resinam fundit ita salubrem animæ hæc, ut illa corpori, &c. Der Terebinthen-Baum tragt dem Menschen ein heylsames Hartz/ vnd ist ein Vorbedeutung deß H. Creutzes/ auf welchem das Seelen-Hartz deß Bluts Christi (also zu reden) gewachsen/ vnd eben vnder disen Terebinthen-Baum vergrabt Jacob die frembde Götter/ dann das H. Creutz die Abgötterey zu Wässer vnd Land vertilget/ vnd in der Welt den wahren GOttes-Dienst ernewert/ gestärckt/ bevestiget vnd beseeliget/ ꝛc.

Weilen nun diser Terebinthen-Baum ein sonderbahre Figur deß H. Creutzes gewesen/hat nicht vnbillich auch darunder sein Zuflucht gesuchet/ vnd darunder die frembde Götzen/ das ist/ seine Gebrechlichkeiten mit hertzlicher Rew vnd Laid vergraben nachfolgender Jüngling/ durch welches er nicht allein alle Nachstellung der Gottlosen überwunden/ sonder auch zur vorigen Gesundheit vnd graden Glidern deß Leibs wunderbahrlich ist gelanget.

Mat-

Matthæus Frischauff/ von Riedsend/ ein Knab von 17. Jahren ware vermuthlich durch Anstalt der bösen Leuthen den 7. Tag Julij dises noch lauffenden 1682.sten Jahrs dermassen an gantzem seinem Leib erkrämmet/ daß er nicht allein zu aller Arbeit wegen grossen Schmertzen anfangs vntüchtig/ sonder endlich auch an allen Glidern vnbeweglich/ vnd völlig erlahmet worden/ also zwar/ daß er weder mehr gehen/ noch stehen/ noch sitzen kunte/ sonder als ein gantzes verhartes Holtz vnd vnbeweglicher Block selbsten müßte gehebt/ gelegt/ getragen/ vnd aufgericht werden; In solchem betrübten Wesen/ da auch so gar der Mund selbsten ihme verzaubert vnd allerdings geschlossen worden/ waißt er kein bessere Zuflucht als bey dem Gnaden-vollen Creutz Christi JEsu zu suchen; verspricht sich derowegen allhero mit einer H. Meß vnd wächsenen Opffer/ wird darauf auch selbsten auf einem Wagen also verkrämmet vnd gantz vnbeweglich allhero gebracht/ in die Kirchen getragen/ vnd vor dem Wunderthätigen Creutz beygesetzt/ bey welchem er neben hertzlicher Beicht also auf hartem Boden ligend möglichist sein Andacht verrichtet. Sihe anjetzo die wunderbahre Allmächt GOttes! Bald darauf/ als er mehrmahlen nach Hauß kommen/ verspührt er ein Besserung/ der grosse Schmertzen fangt an von Tag zu Tag nachzulassen/ die Glider mehrmahlen ineinander sich zu richten/ vnd inner wenig Zeit ohne andere angewendte Mittel die völlige Gesundheit empfangen/ kombt allhero mit seinem Vatter den 2. Octobris mit aller Verwunderung frisch/ gesund vnd aufrecht/ gleich andern Menschen/ demütigisten Danck erstattend dem gecreutzigten Erlöser wegen so wundersam erhaltener Gesundheit. Welches denckwürdige vnd diser gantzen Gegend kündige Beneficium mehrgedachter beneficirte Jüngling sambt Paulo seinem Vatter mit abgelegtem Iurament neben aufgeopfferten Täfelein angesagt/ vnd zugleich attestiren die Ehrwürdige vnd Wohlgelehrte Herrn M. Johann Weihemmann/ Pfarrer zu Wengen/ Franciscus Märckt/ Pfarrer zu Langwaid/ M. Johann Jacob Sarre/ Pfarrer zu Langenreichen/ Carolus Karg/ Pfarrer zu Osterbuch/ Jacob Söldner Dräher Gesell zu Ehekirch/ Thomas Monschein/ Johannes Weger/ Caspar Birger/ Adam Lauther von Biberbach/ ꝛc. Den 2. Octob. 1682.

Fernere erhaltene Göttliche Hülf
in verkrämpt- vnd verzauberten
Glidern.

HErr Franciscus Altenzeimer/ Käyserl. Feld-Trompeter/ vnd Hofmeister bey Ihro Gnaden Herrn Herrn Friderich Baron von Haultoi, &c. referirt bey seinem Gewissen vnd Wissen/ wie daß er vnversehens auf dem Feld vnd Weeg

Weeg vnfern von Gintzburg dergestalten augenblicklich falcinirt, vnd am Leib verzaubert
worden/daß er nicht allein anfangs keinen Athem
mehr schöpffen/ sondern auch endlich keinen
Tritt mehr zu thun vermöchte/vnd nicht anders
vermainte/ als die Glider deß Leibs/ sonderbahr
aber der vndere Theil desselben seye völlig abge-
storben: In solchem betrübten Wesen/ da ihme ohnmöglich fallte/ mehr von dannen sich zu
bewegen/ vnd dahero auf einem Pferd in gedachte Stadt mit höchstem seinem Schmertzen
müßte geführt werden/ ja nichts mehr gewis-
sers als den Tod selbsten erwartete/ vernimbt
er zu seinem Glück von disem H. vnd Wunderthätigen Creutz zu Biberbach/ faßt einen vesten
Glauben vnd Hoffnung auf die vnendliche Verdiensten deß gecreutzigten Erlösers/ mit Gelo-
bung/ so balden eine Wallfahrt neben Aufopfferung einer H. Meß/ wann der Allerhöchste
noch sein Leben erhalten solte/ zu verrichten/ ein
Wundersach! Gleich von selbiger Stund an
verspührt er den Beystand deß H. Creutzes/ vnd
wird inner wenig Stunden völlig vnd wunder-
bahrlichist restituirt. Dises Beneficium attestiren zugleich die Ehrwürdig vnd Wohlgelehrte
Herren M. Johann Jacob Sarre/ Pfarrer zu
Langenreichen/ der Edle Herr Johann Ulrich
Spindler/ Pfleger zu Biberbach/ der Wohl-
Edle Herr Erasmus Alexander von Rödern/ ꝛc.
Den 20. Octob. 1682.

Eines blind-gebohrnen Töchterleins wunderbahrliche Genesung.

PEtrus Schöſler von Binswangen vnd Urſula deſſen Ehewirthin hatten ein Töchterlein/ welches zwar Anno 1680. den 5. Februarii glückſeelig/ doch aber gantz blind auf die Welt gebohren/ vnd nunmehro biß in das dritte Jahr ihres Alters ohn einiges Anmercken eines Scheins gelebt. In ſolchem betrübten Weſen begeben ſich ermelte Eltern nach hindangeſetztē allen Menſchlichen Mittlen zum Wunderthätigen Creutz nach Biberbach/ opffern demſelben auf mit Gelobung einer H. Meß diſes ihr blindes Kind/ mit gröſter Hoffnung vnd vnveränderlichem Glauben/ es werde auch durch Anrueffung der ſo thewren Creutz-Verdienſten deß allergütigiſten Erlöſers ſolch: ihrem preſthafften Töchterlein geholffen werden/ welches auch alſo geſchehen; dann ſihe! kaum waren beede Ehe-Leuth wider nach Hauß gelanget/ verſpühren ſie alſobald an dem blinden Mägdlein einen Schein vñ Liecht der Augen/ alſo zwar/ daß ſelbiges nit allein nach alen vorgehaltnen Sachen pflegt zu langen/ ſondẽr auch (GOtt ſey Lob) nunmehr anfangt fein zu ſehen; Welches anſehliche Beneficium vorderiſt mit eigner Hand vnd aufgetrucktem Hoch-Adelichen Pettſchafft ſelbſten atteſtiren wollen der Hoch-Reichs-Adelich gebohrne Herꝛ Herꝛ Johann Ferdinand von Kndringen/ Herꝛ zu Binswangen/ ꝛc. Den 14. Tag Novemb. 1682. Als

137.

Venite sitientes, emite absq; ar-
gento.

Als das Israelitische Volck nach dem
Außzug von Egypten in die Wüsten
Syn gelanget / vnd das Haupt-Läger
in Cades geschlagen / hat sich ein grosser Mangel an Lebens-Mittel / sonderbahr aber am Wasser spühren lassen; Der gesambte Pöfel allbereit schon zur Aufruhr geneigt begibt sich zu
Moyse / diser zu GOtt / vnd erhaltet durch sein
demütigistes Anlangen so vil / daß er in allgemeiner

ner Versamblung deß Volcks seinen Stab ergriffen/ vnd dem Felsen befelchen solle genugsam Wasser hervor zu geben/ welches so bald auch wunderbarlich geschehen/ dann nachdeme Moyses seine Hand erhebet/ vnd zweymahl mit dem Wunder-Stab den Felsen geschlagen/ ist sattsam Wasser vor alles Volck vnd Vich hervor geflossen.

Es ereignet sich allhier vnder den Außlegern der Göttlichen Schrifft nicht geringe Difficultet, warumb doch Moyses wider sein von Gott gehabte Instruction zweymahl mit dem Stab auf den Felsen geschlagen; Was solle vnder solchem/ vnd sonders durch den Felsen verstanden werden?

Der H. Paulus 1. ad Cor. 10. 4. betheuret/ daß diser von den Juden hart geschlagene vnd tieff-verwundete Felsen seye Christus JEsus: Petra autem erat Christus. Als durch welches rosenfarbe Blut alle betrübte Christliche Hertzen seyen erquicket worden. Daß aber Moyses zweymahl mit dem Stab auf den Felsen geschlagen/ vnd dardurch das Gnaden-Wasser lustig hervor gesprungen/ bezeuget Severianus *Serm. de S. Cruc.* daß der Prophet durch einen **Creutz-Straich** solches zu wegen gebracht/ welches Zeichen deß H. Creutzes/ als der harte Stein ersehen/ habe er seiner wilden Natur gleichsam selbst vergessend/ das süsse vnd cristalline Wasser

ser/ zu sonderm Trost vnd Erquickung der ermatteten Menschen vnd Vichs/ gegeben.

O! schreyt auf hierüber der H. Leo Römischer Statthalter Christi JESU auf Erden/ *Serm. 8. de Pass. Dom.* Crux tua omnium fons benedictionum, omnium est causa gratiarum, per quam credentibus datur virtus de infirmitate, gloria de opprobrio, vita de morte. Dein Creutz/ O HErr! ist ein Brunnen alles Seegens/ vnd ein Vrsach aller Gnaden/ durch welches den Glaubigen die Gesundheit wird gegeben/ die Glory von der Schmach/ vnd das Leben von dem Tod. Zu disem Gnaden-Brunnen deß H. Creutzes/ so von kostbarlichistem Blut vnd Seiten-Wasser deß miltreichisten Erlösers fliesset/ haben sich begeben/ vnd sondere Erquickung Leibs vnd der Seelen erhalten nachfolgende Persohnen.

Thomas Pfäfinger/ Zoll-Verwalter zu Eisenbretzofen/ ware von einem grossen Schneid-Baum/ welcher zu Brätter in der Säg-Mühl zu erst-gedachtem Eisenbretzofen solte zerschnitten werden/ erschröcklich an seiner Seiten vnd Rippen geschlagen/ vnd sonders schmertzlich am Ruckgrad verwundet/ also/ daß derselbe von so vngewohnlichem Schlag vnd Schmertzen drey Tag vnd Nacht sich nicht wenden/ noch neigen/ noch biegen kunte. In solchem betrübten Wesen kombt ihme bey Nachts/ da er vor vnmenschlichem Wehetag keinen Schlaff mehr zu thun vermöchte/ zu Gemüth dises H. Creutz/ verspricht sich neben vestem Glauben allhero mit einer H. Meß/ nach welchem verloben von Stund an angefangen sich der Schmertzen zu legen/ vnd er gleich angehenden Tags frisch vnd gesund zur Arbeit aufzustehen.

Fernerer wundersamer Verlauff
von einem Schneid-Baum hart geschlagner Persohn.

JOhannes Schmelcher/ Müller zu Ehekirch wird ebnermassen von dergleich grossen Schneid-Baum an Hertz vnd Seiten entsetzlich geschlagen/ von welchem Schlag er nicht allein grosse Wehetag vnd innerliche Schmertzen vil Tag empfunden/ sonder auch gäntzlich vermainte/ als ein so andere Rippen seyen von so hartem Straich völlig entzwey geschlagen; In deme er nun vnderschidliche Mittel gebraucht/ nichts aber in allem erspriessen wöllen/ verspricht er sich endlich zu dem H. Creutz/ mit eiferigem Gebett vnd H. Meß alldorten lesen zu lassen/ vnd sihe! Gleich von selbiger Stund an hat sich alles zur Besserung/ vnd dann zur völligen Gesundheit selbsten mit höchster seiner Verwunderung der empfangenen Göttlichen Hülf angelassen. Welche beede letstere Beneficia neben vilen andern angesagt/ vnd in Beyseyn der vnderschribenen Zeugen aidlich exa-
mi-

minirt worden/ den 18. Tag Maij/ Anno 1682.

Wundersame Erledigung einer Weibs-Persohn von dem Blutgang.

Maria Müllerin von Vottenwisen/ nahend bey 40. Jahr/ hatte von geraumer Zeit hero den laidigen Blutgang bekommen/ vnd siben gantzer Wochen täglich/ ja vast immerwährend nicht ohne augenscheinliche Gefahr deß Lebens mit Blut geflossen; Nachdeme nun kein natürliches Mittel ersprießen wollen/ hat sich dise presthaffte Persohn zu dem Wunderthätigen Creutz allhier zu Biberbach/ mit Gelobung einer Wallfahrt vnd andächtigem Gebett gewendet/ nach welchem sich so balden alles wundersam zur Besserung geschicket/ vnd gedachte Persohn inner 8. Tag mehrmahlen die völlige Gesundheit deß Leibs mit höchstem ihrem Friden erhalten; Welche empfangene Gutthat sie auch aidlich sambt ihrem Ehemann Johannes Müller/ in Beyseyn der darzu berueffenen Zeugen/ als der Erbaren Männer Jacob Bucher von Gablingen/ Adam Lauther/ Matheis Zehenter von Biberbach/ betheuret/ den 18. Tag Octobris, Anno 1682.

Ein außgebrochener Arm wird durch Anrueffung deß H. Creutzes von selbsten eingerichtet/ vnd wunderbahrlich gehailet.

MIt was herzlichen Ceremonien die Einweihung deß Salomonischen Tempels (welcher nach Außlegung deß H. Augustini ein sonderbahre Figur der hernachfolgenden Christlichen Kirchen gewesen) vor Zeiten seye gehalten worden/ ist auß Göttlicher Schrifft/ 2. *Paralip. c. 5. 6 & 7.* zu ersehen: Zwey vnd zwaintzig tausend Ochsen/ vnd hundert vnd zwaintzig tausend Widder waren alleinig von dem allerweisesten König zu einem angenehmen Brand- vnd Frid-Opffer/ von dem Volck aber/ nach laut der Schrifft/ dergleichen Rinder vnd Widder vast vnzahlbar vil geschlachtet/ vnd durch das Fewr/ welches selbsten vom Himmel kame/ dem Allerhöchsten zu schuldigister Danckbarkeit geopffert; Zu deme ware das Hauß GOttes mit einer Wolcken erfüllet/ vnd die Herrligkeit deß HErrn erschine ob allen/ daß so gar in Ansehung derselben die Priester nicht mehr stehen/ vnd ihren Dienst verrichten kunten: Under disem allem stunde Salomon alleinig für den Altar deß HErrn gegen der gantzen Gemein Israel über/ auf einem erhöchten Orth/ seine Knie zur Erden biegend/ vnd zugleich außstreckend beede Arm vnd Händ in Gestalt eines Creutzes/ mit demütigen Bitten/ der allgütige GOtt wolle seines vnd deß Volcks Anligenheiten hinfüran diser Orthen gnädiglich erhören: Et flexis genibus contra universam multitudinem, & palmis in cœlum levatis ait: Domine DEUS Israel, &c. Er biegete seine Knie gegen der gantzen Gemein Jsrael/ vnd huebe seine Händ auf/ vnd sprach: HErr/ du GOtt Jsrael/ec. Wie genehm aber von dem vnendlichen GOtt solcher Eifer deß Salomons aufgenommen worden/ ist von disem abzunehmen/ daß Er ihne nicht allein in Zeitlichen höchstens beglücket/ sondern auch nach so löblich vollbrachten Sachen demselben erscheinen/ vnd alle Göttliche Gnad vnd Barmhertzigkeit anerbieten wollen: Vnd der HErr erschine ihme bey der Nacht/ vnd sprach: Jch hab dein Gebett erhört/ec.

Mein! soll einer über erzehlte Begebenheit nich vnbillich die Gedancken machen/ wohero hat doch Salomon so hohen Favor vmb die Göttliche Allmacht verschuldet? Hat er ein so hertzliches Versprechen mit seinem Eifer-vollen Gebett/ oder aber mit so vil geschlachten Brand-Opffer zu wegen gebracht? Petrus Galatinus Lib. 8. de arcanis c. 17. gibt ein sinnreiche Ursach/ vnd sagt: daß Salomon von GOtt alleinig solche Special-Gnaden durch die Würckung der Verdiensten deß gecreutzigten Heylands erhalten habe; Wie so? Jst doch der allergütigiste Erlöser erst tausend Jahr nach disen Sachen auf

die

die Welt kommen/vnd alsdann im 34. Jahr seines Alters an dem Creutz gestorben/ wie kan dann Salomon durch ihne alle Gnaden empfangen haben? Mercke/ spricht er: Salomon alldorten von GOtt in der Wolcken erleuchtet/ als zugleich auch der Allerweiseste auß den Menschen hat klärlich erkennet ex figura figuratum, auß der **Figur** das vorbedeute/ auß vilfältig beschehenen Brand= vnd Schlacht=Opffer deß alten Testaments jenes allerunschuldigiste Opffer/ welches im newen Gesatz einsmahl an dem Stammen deß H. Creutzes auf dem Berg Calvariæ geschehen solte/ durch welches allein die verlohrne Welt zur Göttlichen Huld mehrmahlen solte gebracht werden/ vnd dahero streckte er auß auch beede Arm vnd Händ in Gestalt eines Creutzes gegen dem Himmel/ vermainend also/ er sehe gleichsam schon vor Augen den an dem H. Creutz schmertzhafft angehefften Sohn GOttes selbsten/ durch dessen Verdienst sein Opffer allein bey dem himmlischen Vatter solte für genehm aufgenommen/vnd allem Volck das Heyl ertheilet werden.

O wohl ein wunderbarliches Geheimnuß deß Trost=vollen Creutzes! Wer solle zu solchem in aller Angst vnd Trübsalen nicht auch seine Hoffnung fassen? Dieweil es ist: Fons & origo totius salutis nostræ. *S. Aug. in Psalm.* 45. **Ein Brunnen vnd Vrsprung vnsers gantzen Heyls.** Erfahren hat auch dessen miltreiche

Wür-

Würckung in vnverschenem schweren Leibs-Zufall nachgesetzter Jüngling/ mit vnglaublicher Frewd bekennend/ wie nutzlich es seye/ dem Allmächtigen GOtt in Vereinigung der blutigen Creutz-Verdiensten Christi JESU sein armes Gebett aufzuopffern.

Johannes Sappel von Riblingen/ ein Jüngling von 21. Jahren/ hatte in schwerer Hand-Arbeit vnbehutsam seinen rechten Arm außgebrochen/ so/ daß er desselben sich nicht allein deß geringstens mehr gebrauchen könte/ sonder auch als ab/ vnd tod (also zu reden) elendiglich müßte hinunder sincken lassen; In solchen betrübten Sachen waißt gedachter Jüngling kein bessere Zuflucht als bey dem werthisten Creutz deß HErrn zu suchen/ begibt derowegen sich alsobald zu dem H. Gebett/ fällt nider auf die Knie/ vnd fanget an nicht ohne innerliche Gemüths-Bewegung vnd herab-fliessenden Thränen auch von fern dem Wunderthätigen Creutz zuzuruffen; Sihe da die wundersame Würckung deß Gnadenreichen **Baum deß Lebens**! Kaum hat dise armseelige Persohn mit hertzlichem Glauben vnd Vertrawen dem Wunderthätigen Creutz also in seiner Bewohnung zu zuschreyen angefangen/ springet alsobalden vnder noch währendem Gebett der außgebrochne Arm mit einem newen was mercklichen Schnall widerumb von selbsten ein/ also zwar/ daß er deß andern Tags mit aller anwesenden Ver-
wun-

wunderung seiner Arbeit vngehindert mehr nachkommen können. Wer sicht auß disem nicht/ wie wahr jene trostreiche Versprechung deß HErrn seye: Invoca me in die tribulationis, eruam te, & honorificabis me; Rueffe mich an in dem Tag der Noth/ Ich will dich erretten / vnd du wirst mich rühmen. Psal. 49. v. 15. Dise Gutthat hat bemelter Jüngling neben seinem Vatter Thoma Sapel/in Beysepn deß Edlen Herrn Joh. Ulrich Spindlern/ Pflegers zu Marckt Biberbach/ Johannes Holtzhausers/ deß Gerichts alldorten/ Caspar Reißenmüllers von Ostendorff/ vnd andern auch mit abgelegtem Juramene bekräfftiget/ den 29. Decemb. Anno 1682.

Auß welchen bißhero erzehlten Gutthaten/ deren von grosser Anzahl allein dise denckwürdigere beschriben worden/ genugsam zu ersehen/ wie wahrhafft der H. Augustinus in Annunt. Domini Serm. 3. von dem Lob deß H. Creutzes geredet: Wer/ sagt er/ dises grosse vnd weite Welt-Meer ohne Schiff-Bruch durchzufahren verlanget/ der folge dem Creutz nach/ halte sich an dem Creutz/ vnd verlasse niemahlen dasselbe/ dann was vor Zeiten auf Erden hat gethan die Gegenwart deß Leibs Christi/ das würcket annoch mit getrewer Anrueffung deß Namens Christi die Gedächtnuß deß sighafften Creutzes. Zu dessen sonderbahrer Ehre auch dises wo-

ni-

nige / als vor den ersten Jahr-Gang solle beschriben seyn.

Disem allem zu wahrer vnd glaubwürdiger Urkund der so wohl zu Anfangs also eingenommenen Relation, als auch der bißhero durch diß H. Creutz ertheilten wundersamen Gutthaten / haben sich neben gewohnlichen ihren Pettschafften mit eigner Hand vnderschriben

[L.S.] **Laurentius Lederer /** Land-Dechant vnd Pfarrer zu Wöstendorff / als zu disem Act von hoher Geistl. Obrigkeit verordneter Commissarius.

[L.S.] **Joh. Ulrich Spindler /** Pfleger im Namē einer Hochgräfl. Herrschaft Biberbach.

[L.S.] **M. Johann Christoph** Bayr / Pfarrer zu Ekirch.

[L.S.] **M. Joh. Jacob Sarre /** Pfarrer zu Langenreichen.

[L.S.] **M. Joh. Jacob Hörmann /** Pfarrer zu Salmantshofen.

[L.S.] **Erasmus Alexander** von Rödern / Kayserl. Corporal vnderm Hoch-Gräfl. Taffischen Regiment.

148.
Johannes Holtzhauser /
deß Gerichts von Biber-
bach.
Johannes Kicherer / deß
Gerichts zu Biberbach.
Adam Lauther / Heilig-
Pfleger zu Biberbach.

Kurtze

Tag = Zeiten

Von dem

Heiligen Creutz.

Zur Metten.

Durch das Zeichen deß H. Creutzes von vnsern Feinden erlöse vns / O vnser
GOtt.

℣. HErr thue auf meine Leffzen.

℟. Und mein Mund wird dein Lob verkün-
digen.

℣. O GOtt merck auf mein Hülf.

℟. HErr eile mir zu helffen.

Lob-Gesang.

Der einig Sohn / so ewiglich
Vom Vatter ist entsprossen /

Zur

Zur Metten-Zeit wird grausamlich
In schwere Band geschlossen.
Die Jünger seynd erschrocken sehr/
Ihn haben all verlassen:
Er wird geschlaiffet hin vnd her
Durch rauhe Weeg vnd Strassen.

Antiph. O du ehrwürdiges Creutz/ du haſt vns armen das Heyl gebracht: Mit was Lob ſoll ich dich erheben: Dann du das himmlische Leben haſt zuberaitet.

℣. Wir betten dich an/ O Chriſte/ vnd loben dich.

℟. Dann durch dein heiliges Creutz haſt du die Welt erlöſet.

Gebett.

O HErr JESU Chriſte/ deß lebendigen Gottes Sohn/ ſtelle dein Leiden/ Creutz vnd Tod zwiſchen deinem Gericht vnd meine Seel/ jetzt vnd in der Stund meines Tods: Verleihe mir deine Gnad vnd Barmhertzigkeit/ den Lebendigen vnd Abgeſtorbnen Ruhe/ vnd Vergebung der Sünden/ deiner Kirchen Frid vnd Einigkeit/ vnd vns Sündern die ewige Glory vnd Seeligkeit. Der du lebſt vnd regiereſt mit GOtt dem Vatter in Einigkeit deß H. Geiſts GOtt von Ewigkeit zu Ewigkeit. Amen.

Zur Prim.

Durch das Zeichen deß H. Creutzes von vnſern Feinden erlöſe vns/ O vnſer GOtt.

℣. O GOtt merck auf mein Hülff.
℟. HErr eile mir zu helffen.

Lob-Gesang.

DEr HErr zur Morgen-Stund
 Zum Richter wird gezogen/
Da falsche Zung von Neid verwundt/
 Die Unschuld hat belogen.
Sein Angesicht ist grausamlich
 Verspichen/ vnd zerschlagen:
Diß alles doch gedultiglich
 Der HErr hat übertragen.

Antiph. O sighafftiges Creutz/ vnd wunderbahrliches Zeichen/ hilff/ daß wir in dem himmlischen Hof den Sig erlangen mögen.

Wir betten dich/ ꝛc. mit dem Gebett/ wie oben zur Metten.

Zur Tertz.

DUrch das Zeichen deß H. Creutzes von vnsern Feinden erlöse vns/ O vnser GOtt.
℣. O GOtt merck auf mein Hülff.
℟. HErr eile mir zu helffen.

Lob-Gesang.

ZUr dritten Stund man schreyen thut:
 Ans Creutz mit Jhm: soll hangen.
Auf dise Weis das höchste Gut
 Von Menschen wurd empfangen.
Mit Dörn gecrönt wurd da verhöhnt/
 Sein Creutz auch selbst mußt tragen.

Muß

Muſt vnder zwen der Mörder gehn/
Da war kein End der Plagen.

Antiph. Die grauſame Tods-Straff iſt hingenommen/ da Chriſtus am Creutz die Band vnſerer Sünden hat aufgelöſet.

℣. Wir betten dich/ꝛc. mit dem Gebett/ wie oben zur Metten.

Zur Sext.

Durch das Zeichen deß H. Creutzes von vnſern Feinden erlöſe vns/ O vnſer GOtt.

℣. O GOtt merck auf mein Hülf.
℟. HErꝛ eile mir zu helffen.

Lob-Geſang.

Er ſüſſe HErꝛ zur ſechſten Stund
Wurd an das Creutz geſchlagen:
Kein Glid mehr war an Ihm geſund:
Sein Seel fieng an zu zagen/
Mit lauter Stimm zum Vatter ſein
Rieff Er auß gantzem Hertzen:
Sich williglich thät geben drein/
Und duldet allen Schmertzen.

Antiph. Das Holtz hat vns zum Knecht gemacht/ das H. Creutz hat vns erlediget: Die Frucht deß Baums hat vns verführet/ der Sohn GOttes hat vns erlöſet.

℣. Wir betten dich/ꝛc. mit dem Gebett/ wie oben zur Metten.

Zur Non.

Durch das Zeichen deß H. Creutzes von vnsern Feinden erlöse vns / O vnser GOtt.

℣. O GOtt merck auf mein Hülf.
℟. HErꝛ eile mir zu helffen.

Lob-Gesang.

Zur neundten Stund / auß Hertzen Grund
 Schrie Er: Ich meine Seele
In deine Händ / bey disem End /
 O Vatter mein! befehle.
In höchster Pein / O JESU mein /
 Bist also Tods verblichen?
Da ihren Schein die Sonn hielt ein /
 Und wird mit dir verglichen.

Antiph. O grosses Werck der Gütigkeit / der Tod ist damahlen gestorben / als das Leben am Creutz ist verschiden.

℣. Wir betten dich / ꝛc. mit dem Gebett / wie oben zur Metten.

Zur Vesper.

Durch das Zeichen deß H. Creutzes von vnsern Feinden erlöse vns / O vnser GOtt.

℣. O GOtt merck auf mein Hülf.
℟. HErꝛ eile mir zu helffen.

Lob-Gesang.

Als nun der Tag vollendet war /
 Ist Er vom Creutz genommen:

Die Göttlich Macht blib auß so gar/
 Daß nichts an Tag mehr kommen.
Deß Lebens Brunn/ der Seelen Sonn/
 Deß Himmels Zierd darneben/
Damahlen gantz ohn Krafft/ ohn Glantz
 Dem Tod war übergeben.

Antiph. O gebenedeytes Creutz! du bist allein würdig gewesen den Schatz der Welt zu tragen: O du liebes Holtz! O ihr liebe Nägel/ wie eine liebe Bürd tragt ihr? Du bist höher/ dann alle Cederbäum: An dir ist der Welt Heyland gehangen: An dir hat Christus obgesiget/ vnd ist der Tod ewiglich überwunden worden.

℣. Wir betten dich/ ꝛc. mit dem Gebett/ wie oben zur Metten.

Zur Complet.

Urch das Zeichen deß H. Creutzes von vnsern Feinden erlöse vns/ O vnser GOtt.
 ℣. Bekehre vns O GOtt vnser Heyland/
 ℟. Und wende deinen Zorn von vns.
 ℣. O GOtt merck auf mein Hülf.
 ℟. HErꝛ eile mir zu helffen.

Lob-Gesang.

AM Abend wird zum Grab hinein
 Die edle Leich getragen:
In Specerey vnd Leinwath rain
 Wird kläglich eingeschlagen.

Mir solle seyn/ O JEsu mein/
　Dein Leiden anbefohlen:
Will deinen Tod/ vnd letzte Noth
　Mit Danck offt widerholen.

Antiph. O Heyland der Welt/ mache vns seelig/ der du durch das Creutz vnd dein Blut vns erlöset hast: Hilff vns/ wir bitten/ O vnser GOtt.

℣. Wir betten dich/ꝛc. mit dem Gebett/wie oben zur Metten.

Beschluß.

Diß Tag-Gebett/ HErꝛ JEsu Christ/
　Hab dir zu lieb vollendet:
Weil du von mir deß Teufels List
　Hast gnädig abgewendet.
Ich bitt (der du gelitten hast
　Den Tod mit höchstem Schmertzen/
Und tragest meiner Sünden Last)
　Weich nie auß meinem Hertzen!
　　A M E N.

Lita-

Litaney

Von dem

HH. Creutz.

Gezogen auß den HH. Vättern durch R. P. F. Andream de Soto, vnd der Durchleuchtigisten Infantin Schwester Margaritæ vom Creutz zugeschriben.

HErr erbarm dich vnser.
Christe erbarm dich vnser.
HErr erbarm dich vnser.
GOtt Vatter vom Himmel / erbarm dich vnser.
GOtt Sohn / Erlöser der Welt / erbarm dich vnser.
GOtt H. Geist / erbarm dich vnser.
Heiliges Creutz / du Reich deß Vatters / vermehr den Gerechten die Gerechtigkeit / vnd erwirb den Sündern Barmhertzigkeit.
Heiliges Creutz / du Scepter deß Sohns / vermehr den Gerechten die Gerechtigkeit / vnd erwirb den Sündern Barmhertzigkeit.
Heiliges Creutz / du Sigill deß H. Geists / vermehr den Gerechten die Gerechtigkeit / vnd erwirb den Sündern Barmhertzigkeit.

Du

Du Frewd der H. Dreyfaltigkeit/
Du Baum deß Lebens/
Du Schlüssel deß Paradeiß/
Du Arch Noe/
Du Stecken Jacobs/
Du Laiter Jacobs/
Du fewriger Dorn-Busch Horeb/
Du Stab Moysis/
Du fewrige Saul Israels/
Du Ruthen Aarons/
Du Pfal der ährenen Schlangen/
Du Gnaden-Stuhl deß HErrn/
Du Altar deß höchsten Priesters/
Du Hirten-Stab Davids/
Du Ruhe-Bethlein Salomonis/
Du hölhener Wagen Salomonis/
Du guldene Ruthen Assueri/
Du spitziger Nagel Jahel/
Du Degen Judith/
Du erhaltender Buchstab Tau,
Du Baum Nabuchodonosors/
Du versüssendes Wasser-Holtz/
Du Fell Gedeonis/
Du Schwerdt Goliaths/
Du Königreich vnsers Heylands/
Du Glory vnd Ehr vnsers Erlösers/
Du Fuß-Schemmel der Füssen JESU/
Du einige Hoffnung/
Du Ursprung alles Guten/

Heiliges Creutz/ nemmehr den Gerechten die Gerechtigkeit/ vnd erwirb den Sündern Barmhertzigkeit.

Du

Du Vertreibung alles Bösen/
Du Haupt-Zierh der Schönheit/
Du Spiegel der Gedult/
Du Armbrust vnser Versöhnung/
Du Paradeiß alles Wollusts/
Du Grund-Saul deß Glaubens/
Du Palm-Baum deß ewigen Lebens/
Du Pfand-Schilling ewiges Heyls/
Du Schlüssel deß Himmels/
Du Porten deß Paradeiß/
Du Führer der Blinden/
Du Weeg der Irrenden/
Du Stab der Raisenden/
Du Erquickung der Ermatten/
Du Reichthum der Armen/
Du Vatter der Waisen/
Du Erleuchtung der Finsternuß/
Du Zaum der Reichen/
Du Erniderung der Hoffärtigen/
Du Abtödtung deß Fleischs/
Du Außreutung der Abgötterey/
Du Grund-Veste der Kirch/
Du Majestät der König/
Du Frewd der Priester/
Du Lehr-Schuel der Jungen/
Du Zuflucht der Angefochtnen/
Du Trost vnsers Elends/
Du Werck vnserer Erlösung/
Du Brod der Hungerigen/

Heiliges Creutz

Vermehr den Gerechten die Gerechtigkeit/ vnd erwirb den Sündern Barmhertzigkeit.

Du

Du Tranck der Durſtigen/
Du Bekleidung der Nackenden/
Du Beherbergung der Frembdlin-
   gen/
Leuchtender als die Stern/
Höher als Ceder/
Wohl-riechender als Cypreß/
Köſtlicher als Balſam/
Fätter als Oliven/
Fruchtbarer als Reben/
Holdſeeliger als Palm/
Röther als Roſen/
Annehmlicher vor allen vnempfindli-
   chen Geſchöpffen/
Du Erhöhung der Engel/
Du Verkündung der Propheten/
Du Glory vnd Ruhm der Apoſtel/
Du Stich-Blatt der Martyrer/
Du Weisheit der Lehrer/
Du Lob der Beichtiger/
Du Krantz der Jungfrawen/
Du Erſättigung der Wittfrawen/
Du Himmels-Straß aller Heiligen.

Heiliges Creutz/

Vermehr den Gerechten die Gerechtigkeit/ vnd erwirb den Sündern Barmhertzigkeit.

Chriſte/ du Gecreutzigter/ höre vns.
Chriſte/ du Gecreutzigter/ erhöre vns.
  ℣. Durch das Creutz auß aller Feind Nöth/
  ℟. Erlöſe vns/ O vnſer GOtt.
  ℣. Der vns am Creutz das Heyl gegeben/
  ℟. Durchs Creutz vns aufnimm zu dem Le-
      ben.

Gebett.

ERhalte/ O Vatter! vns in dem ewigen Friden/ welche dein eingebohrner Sohn durch das Holtz deß H. Creutz erlöset hat; Der mit dir vnd dem H. Geist ein einiger GOtt herrschet vnd regiert in Ewigkeit. Amen.

Folgendes Gebettlein hat/ nach Zeugnuß Cæsarij im 12. Buch am 51. Cap. ein andächtiger Ordens-Bruder so offt/ als er für ein Crucifix gienge/ gebetten/ vnd darburch solche grosse Barmhertzigkeit von GOtt erlanget/ daß ihme alle zeitliche Pein nachgelassen/ vnd er Tods entblichen von Mund auß die ewige Frewd anzugehen verdienet hat.

HERR/ durch die jenige Bitterkeit/ welche du gelitten hast von meinetwegen am Heiligen Creutz/ sonderlich aber/ wie dein heilige Seel ist außgangen von deinem heiligen Leib/ erbarme dich über mein Seel/ wann sie wird außfahren auß meinem Leib/ Amen.

ENDE.